KB200530

순간
　순간
음미
　하라

순간
순간
음미
하라

쇼나 니퀴스트 지음 | 한성자 편역

◢◢ 아니마

오랜 세월 사랑을 실천하며
진정으로 삶을 향유하며 사는 것이 무엇인지
몸소 보여주신
나의 할아버지, 할머니께 바칩니다.

최상의 행복은 한 해를 마무리하며
연초보다 자신이 성장했다고 느끼는 것이다.
톨스토이

나의 소망은 하느님이 창조하신 이 멋진 세상을 순간순간 음미하며
사는 것입니다. 평범한 일상 속에서, 사랑하는 사람들과의 포옹에
서, 토마토 샌드위치에서, 친구들의 문자메시지에서 하늘의 섭리와
은총을 발견하며 사는 것입니다.

하지만 우리 대부분은 그런 순간들이 주는 행복을 놓치고 사는
것이 현실입니다. 동분서주하며 다니느라 주변의 아름다움을 보지
못합니다. 밤에도 자리에 누워 이 생각 저 생각에 뒤척거리며 쉽게
잠을 이루지 못합니다. 언제 무슨 일이 일어날지 두려워하느라 저
땅속 깊은 곳에서 울리는 아름다운 북소리를 듣지 못합니다.

이 책은 우리 함께 마음을 비우고 이 세상에 귀를 기울여 보자고
당신에게 보내는 초대장입니다. 하느님은 언제나 이 세상의 상처를
치유하고 새롭게 창조하십니다. 그런 하느님의 존재를 느끼려면 우
리에게 주어진 삶을 음미하며 살아야 합니다.

나는 생각이 많은 편입니다. 사람들과 나눈 대화를 돌이켜 생각
해보고, 내가 한 행동을 후회하고, 앞으로 일어날 일을 예상하면서
뭔가 잘못되지는 않을까 걱정합니다. 이를 닦는 동안에도, 토스터
에서 식빵이 구워져 튀어나오기를 기다리는 동안에도 내 머리 속에
는 이런저런 생각들이 계속 꼬리를 물고 지나갑니다.

우리에게 필요한 것은 부질없는 생각들은 날려버리고 현실에 발을 단단히 딛고 살아가는 것입니다. 세상은 우리가 모르는 사이에도 변화를 계속하고 있습니다. 하지만 우리는 지금 이 순간 속에서 영원히 변하지 않는 진리를 발견할 수 있습니다. 우리를 둘러싸고 있는 모든 것에서 하느님의 역사하심을 알 수 있습니다. 나는 하느님이 목적과 의도를 갖고 나를 세상에 태어나게 했다는 것을 확인하고 싶습니다. 그분이 옆에서 함께 걸으며 내가 가야 하는 곳으로 인도하신다는 것을 믿고 매일 기도를 통해 하느님과 대화를 나누기를 원합니다.

아침에 일어나서 잠시 기도하는 시간을 가지면 하루를 훨씬 편안하게 시작할 수 있습니다. 그리고 하루를 끝내고 잠자리에 들기 전에 마음을 비우고 기도하는 시간을 가지면 편안하게 숙면을 취하게 됩니다. 그럼 이제 우리 함께 시작해볼까요. 오늘 하루를, 하느님이 만드신 아름다운 세상을, 가족과 친구와 함께하는 삶의 풍요로움을 찬찬히 음미하고 즐겨 보세요. 하느님의 선의를 믿고 의지하는 묵상과 기도의 시간을 가져보세요. 성경 구절과 함께하는 성장 일기에 기억에 남는 순간들, 주변 사람들의 이야기, 성찰, 또는 다짐을 적어보세요. 그렇게 한 해를 보내고 내년 이맘때가 되면 부쩍 자란 당신의 모습을 발견할 것입니다.

차례

8

9

10

11

계절 간편식 레시피

두 손을 모으는 것은
삶을 새롭게 시작하는 마음가짐이다.

칼 바르트

우리들의 이야기

여기서 하는 이야기는 내가 살아가는 이야기다. 내가 살면서 직접 보고 듣는 이야기이고 등장인물은 나의 친구, 가족, 이웃이다. 이런 이야기를 하는 이유는, 소소한 나의 일상 이야기 속에서 당신이 알고 있는 사람들과 당신이 사는 이야기를 만나고 위안과 기쁨, 그리고 다짐을 발견할 수 있기를 바라기 때문이다. 평범한 삶 속에서 희미하게 반짝이는 희망과 구원을 발견할 수 있다고 믿기 때문이다.

세상은 우리를 향해 눈을 찡긋거리며 어서 일어나 음악에 맞추어 춤을 추자고 청한다. 하느님은 당신이 창조하신 아름다운 세상을 마음껏 즐기고 음미하라고 마지막으로 우리를 창조하셨다.

우리는 각자 소중히 간직하고 있는 추억이 있고 앞으로 이루어 나갈 수 있는 꿈이 있고 건강하게 돌봐야 하는 몸과 영혼이 있으며, 무엇보다 우리 안에는 초자연의 진리이신 하느님의 성령이 머물고 있다.

우리 자신이 바로 하느님의 성전이며
성령이 우리 안에 계시다는 것을 당신은 알고 있습니까?
고린도전서 3:16

지금 당장 시작하기

한 친구는 새해 좌우명을 '지금 당장 시작하자!'로 정했다고 한다. 훌륭한 결심이다. 어떤 일이 엄두가 나지 않거나, 뭔가를 시작하는 것이 너무 늦은 것 같아서 용기가 나지 않거나, 게을러서 차일피일 미루고 있는 일이 있다면 지금 당장 시작해보자.

하느님은 우리 각자를 사랑과 목적을 가지고 창조하셨다. 하지만 많은 사람들이 스스로 부족하다고 느끼면서 살아간다. 사실 어느 누구도 충분히 준비가 된 사람은 없다. 어느 누구도 완벽하지 않다.

오늘 더 나은 자기자신을 향해 한 걸음 발을 내딛어 보자. 계획표를 만들거나, 인터넷에서 정보를 찾아보거나, 어딘가에 전화를 거는 것이 시작이 될 수 있다. 모든 일은 그렇게 작은 것으로부터 시작된다. 어느 시점에서 뛰어들지 않는다면 원하는 삶을 살 수 없다. 세상에는 뭔가를 하고 싶어도 할 수 없는 이유를 줄줄이 늘어놓는 사람들로 가득하다. 그런 사람이 되지 말자! 지금 당장 시작하자!

> 너희를 위해 세운 나의 계획을 내가 알고 있으니,
> 내가 너희에게 재앙이 아닌 희망이 넘치는 미래를 주려 한다.
>
> 예레미야 29:11

축제가 끝나고

새해를 맞이해서 포식과 금식을 자연스럽게 번갈아 하는 리듬을 익히는 중이다. 추수감사절에서 새해가 될 때까지 나는 고구마 비스킷에 메이플 버터를 발라 먹거나, 이모님이 손수 만들어서 가져다주는 건포도식빵 토스트에 체다 슬라이스 치즈를 올려 먹는 것을 좋아한다. 그러다 보면 어느새 몸무게가 1-2킬로가 늘어나 있다. 이어지는 1월의 금식기간은 절제를 훈련할 기회다. 내 몸과 영혼에 새해를 맞이할 공간을 마련하고 소비를 줄이고 식욕이나 욕구에 내몰리지 않도록 한다. 연말에 흥청거리던 기분을 가라앉히며 하느님께 더 가까이 다가가고 더 많이 감사하는 시간이다. 금식은 몸과 관련된 행위이지만 어느새 영혼에 관한 행위로 변한다. 하느님께서 우리 몸이 필요로 하는 것을 주신다고 믿고 맡기는 것이다. 금식 기간을 마치고 나면 식욕의 노예가 되지 않고 절제할 수 있는 힘을 갖게 된 듯한 뿌듯한 성취감을 느낀다.

16

사람들은 즐기기 위해 축제를 연다.
전도서 10:19

인생은 원래 달콤쌉쓸한 것이다. 살면서 좋은 일만 있을 수도 없고 나쁜 일만 있으리라는 법도 없다. 모든 일에는 빛과 어둠이 있기 마련이다. 가장 어두운 밤에도 어디선가 한 줄기 빛이 비추고, 밝은 낮에도 어딘가에 그림자가 드리워져 있다. 단 맛은 기분을 편안하게 해주지만 너무 많이 먹으면 치아와 건강에 나쁠 수 있다. 쓴 맛은 얼굴을 찌푸리게 하지만 몸과 마음을 튼튼하게 해줄 수 있다.

　우리 영혼은 단맛과 쓴맛을 둘 다 필요로 한다. 기쁨은 한 조각의 슬픔을 담고 있을 때 더욱 풍요로워진다. 달콤쌉쓸한 우리 인생은 아름답고 깊고 오묘하다. 삶이 달콤할 때는 감사하고 마음껏 기뻐하자. 그리고 삶이 쌉쓸할 때는 마음을 단단히 먹고 성숙해지는 기회로 삼자. 지금 실의에 빠져 있다고 해도 하느님의 사랑과 선의를 믿고 견딜 수 있는 힘을 달라고 기도하자.

17

하느님께서 주시는 좋은 것은 받고,
나쁜 것은 받지 말아야 할까요?
욥기 2:10

죽음과 부활 이야기

언젠가 죽음과 부활이 우리의 삶을 상징하는 개념이라는 말을 들었을 때 나는 그것이 정확히 무슨 뜻인지 잘 이해가 되지 않았다. 그리고 몇 년이 지난 후에야 그 의미를 알 수 있었다. 그 말을 한 사람은 자신이 직접 겪은 고난을 통해 깨달은 것을 이야기한 것이다.

당신이 어렵사리 배운 것을 알려줄 때 사람들은 귓등으로 듣는 것처럼 보일지 모른다. 그럴 때는 마치 귀머거리에게 말하는 것처럼, 돼지 목에 진주 목걸이를 걸어주는 것처럼 느껴지곤 한다. 하지만 그 사람도 살다 보면 당신의 진심과 용기를 이해하는 순간이 있을 것이다. 그리고 당신이 해준 이야기가 그에게 새로운 삶으로 가는 다리가 될 수 있다.

내가 정신적으로 힘들었던 시기에 필요로 했던 것은 신학자의 이론이나 성직자의 조언이 아니었다. 나처럼 평범한 사람이 땀과 한숨과 침통함 속에서 어렵게 얻은 한 조각 지혜를 전해주는 것이 큰 위안이 되었다.

주님께 구원받은 사람들이여, 그대들의 이야기를 하십시오.
시편 107:2~3

봄은 다시 찾아온다

요즘 당신이 어떻게 지내는지 나는 모른다. 기쁜 일이 있는지 슬픈 일이 있는지 나는 모른다. 내가 아는 것은 그 무엇도 영원하지 않다는 것이다. 지금 달콤한 시간을 보내고 있다고 그 시간이 영원히 계속되지는 않을 것이다. 또한 지금 쓰디쓴 시간을 보내고 있다고 그 시간이 영원히 계속되지는 않을 것이다. 만일 요즘 적막하고 외로운 겨울을 보내고 있다면 언젠가 봄이 온다는 것을 생각하자. 봄은 어김없이 찾아온다. 지금처럼 땅은 얼어붙고, 나무들이 헐벗고 있는 날에는 거의 상상하기 힘들지만, 바로 그런 땅에서 새로운 생명이 피어난다.

　일 년 사이에 어떤 일도 일어날 수 있다. 무너지고 산산조각이 난 것도 일 년 안에 복구될 수 있다. 계절이 몇 번 바뀐 후에 희망이 자라날 수 있다. 일 년 전 나는 미래가 불안하게 느껴지고 어떻게 살아야 할지 눈 앞이 캄캄한 기분이었다. 요즈음 거울을 보면 나를 응시하고 있는 눈에서 잃어버린 줄 알았던 희망이 보인다.

19

　　　광야와 메마른 땅이 즐거워하고 사막이 기뻐하며 꽃피울 것이다.
　　　수선화처럼 활짝 피어나 크게 기뻐하며, 환호성을 지를 것이다.
　　　　　　　　　　　　　　　　　　　　　　　　이사야 35:1~2

블루베리 요거트
모닝케이크

우리 가족은 블루베리로 유명한 한 작은 호숫가 마을에서 여름을 보낸다. 그 때 엄청난 양의 블루베리를 따서 냉동고에 넣어 얼려놓는다. 그래서 항상 블루베리로 새로운 요리를 하는 방법을 찾는데, 블루베리로 만든 모닝 케이크는 너무 달지 않아서 아침 식사로도 좋다. 요구르트의 시큼한 맛은 달콤한 즙이 풍부한 블루베리에 아주 잘 어울린다. 반죽 위에 블루베리를 뿌려서 구우면 케이크 전체에 그 맛이 골고루 스며든다.

버터 녹인 것 1 / 2 컵
설탕 1컵 & 2T
달걀 3개
플레인 요거트 1 ½ 컵
아몬드유 1 / 4 t
다용도 밀가루 컵
베이킹파우더 1 ½ t
베이킹소다 1t
블루베리 2컵

1. 오븐을 180도로 예열한다. 10인치 원형 틀에 버터를 바르고 안에 유산지를 깐다.

2. 믹싱볼에 버터, 설탕, 달걀, 요구르트, 아몬드유를 넣고 골고루 섞는다. 추가로 밀가루, 소금, 베이킹파우더, 베이킹소다를 넣고 반죽을 한다. 너무 오래 섞지 않도록 주의한다. 반죽을 틀에 붓는다. 블루베리에 설탕 2T를 섞어서 반죽 위에 뿌린다.

3. 50분 정도, 또는 이쑤시개로 가운데를 찔러봐서 반죽이 묻어나오지 않을 때까지 굽는다. 10분 정도 식혀서 케이크 접시로 옮겨 담는다.

어디에나 계시는 주님

만일 교회에서 성찬식을 할 때만 예수님을 기억한다면 매일 세 번 식탁에 앉아 그를 기억할 수 있는 기회를 놓치는 것이다. 유진 피터슨은 이런 말을 했다. "진실로 볼 줄 아는 눈에는 모든 덤불이 불타는 덤불로 보일 것이다."

삶의 모든 것이 신성하다고 믿는 사람들에게는 모든 빵 부스러기와 포도주 한 모금이 성찬식이고 지금 있는 자리가 성령을 만나는 곳이 된다. 나는 성찬식의 성스러움이 교회 벽을 넘고 신부님의 손에서 흘러 나와, 당신과 나와 같은 속인들의 손으로, 우리의 식탁 위로, 부엌과 식당과 뒷마당으로 들어오기를 바란다. 성령은 도처에 있으므로 우리는 그것을 보려고 하기만 하면 된다. 성령의 속삭임과 북소리는 어디에나 있으므로 우리는 그것을 들으려고 하기만 하면 된다. 빵과 포도주라는 아주 평범한 음식은 우리에게 상기시켜준다. '그분이 바로 여기 계십니다. 여기 계신 그분은 선한 분이세요.' 식탁에 앉는 시간은 우리가 주님을 기억하고, 기리고, 찬양할 수 있는 좋은 기회다.

이것은 너희를 위해서 주는 내 몸이다.
너희는 이것을 행하여 나를 기억하여라.
누가복음 22:19

새옹지마

우리가 겪는 시련을 비극이라고 부르지 않고 서사시라고 부르기로 했다면 축복이 무엇인지 알기 시작한 것이다. 지금의 삶이 꿈꾸는 것과는 거리가 멀다고 해도 불평하는 대신 아름답다고 말할 수 있는 용기가 있다면 시련을 축복으로 만들 수 있다.

　지금 처한 상황이 그만 포기하고 싶을 정도로 힘들어도 더욱 충실하게 주어진 의무를 다한다면 지금 있는 그 곳은 점차 아름답고 풍요로운 장소로 변할 것이다. 저주처럼 보이는 것들이 희미한 빛을 내며 춤추기 시작하면 결국 그 모든 것이 처음부터 축복이었다는 것을 알게 될 것이다. 애초에 축복이 아닌 저주였다고 해도 우리가 가진 믿음, 희망, 삶에 대한 사랑은 저주를 축복으로 바꿀 수 있다. 마치 바위틈에서 물이 흐르는 것처럼, 무덤에서 생명이 자라는 것처럼......

그대들이 나를 해치려고 하였으나,
하느님이 그것을 선으로 바꾸셨다.
창세기 50:20

홈팀을 만드는 방법

우리는 누구나 홈팀을 필요로 한다. 한밤중에 불쑥 찾아가도 될 만큼 가까운 사람들은 우리가 시련을 헤쳐 나갈 수 있는 힘을 준다. 홈팀을 만드는 가장 좋은 방법은 내가 만든 음식을 나누어 주는 것이다. 기쁨은 나눌수록 커지고 슬픔은 나눌수록 작아진다는 말이 있듯이 식탁에 앉아 나누어 먹는 음식은 우리를 더 솔직해지고 더 많이 공감할 수 있게 한다. 그래서 나는 함께 요리를 배우는 모임이 있는 목요일 밤을 좋아한다. 그 날 우리는 함께 만든 음식을 차려놓고 앉아서 서로에게 귀를 기울이고, 좋은 일과 힘든 일에 대해 이야기 하고 기도하고 도움을 청하는 시간을 갖는다. 때로는 종교적 사상이나 수행에 대한 생각을 나누기도 한다. 그리고 서로의 비밀을 지켜주는 것을 매우 진지하게 여긴다. 무엇보다 중요한 것은 매주 식탁 주위에 모여서 우리 몸을 건강하게 하는 음식에 대한 의견을 나누고 우리 마음을 감사함으로 가득 채우는 것이다.

24

사랑은 불의를 기뻐하지 않으며, 진리와 함께 기뻐한다.
사랑은 항상 보호해주고, 항상 믿어주며,
항상 기대를 저버리지 않으며, 항상 지지해준다.
고린도전서 13:6-7

변화가 주는 은총

변화는 우리 자신의 가능성과 잠재력을 시험하고 확인할 수 있는 기회다. 변화는 우리를 이리저리 밀고 당기며 다그친다. 그럴 때마다 우리 자신에 대해 좀 더 잘 알게 된다. 변화를 피해 도망치는 것은 현명하지 않다. 변화를 견디고 일어설 수 있다면 결국 그 모든 것이 하느님의 은총이 될 수 있다.

변화는 좋은 것이다. 출산의 고통은 좋은 것이며, 실연은 좋은 것이고, 실패도 좋은 것이다. 내가 말하고자 하는 것은 변화가 지독히 고통스럽기도 하지만 다른 한편으로는 우리의 마음을 열게 해서, 우리를 하느님의 손 안으로 데려간다는 것이다. 그 곳에 가면 우리가 항상 그 곳에 가고 싶어 했다는 것을 알게 될 것이다. 변화는 힘들고 두려운 것이지만 하느님은 종종 그것을 멋지고 효과적으로 운용하신다. 변화라는 파도는 우리의 삶을 제자리로 되돌리는 절호의 기회가 될 수 있다.

너는 내 은총을 충분히 받았다.
나의 힘은 약한 곳에서 온전하게 드러나기 때문이다.
고린도후서 12:9

'해야 한다'는 말은 하지 않기로

우리는 이상한 규칙을 갖고 있다. 무엇을 사랑해야 하고, 어디에서 행복을 느껴야 하는지에 대한 고정관념을 갖고 있다. 작은 아이 맥은 태어나서 거의 일 년 동안 밤낮이 바뀌어서 밤에 잠을 자지 않았다. 나는 간절히 원하던 아기를 가졌기 때문에 어떤 불만도 가져서는 안 된다고 생각했다. 그래서 아무리 피곤해도 힘들다는 말을 하지 않으려고 내 입을 틀어막았다. 힘들다는 것을 인정하면 엄마로서 자격이 없는 것처럼 느꼈다. 그러다 어느 날 문득 부족함을 인정하지 않는 것은 부질없는 자존심이라는 것을 깨달았다. '엄마로서 부족함을 인정하면 어떤가? 그게 뭐 대수인가. 그렇다고 내가 우리 아이를 덜 사랑하는 것은 아니잖아.' 그러자 훨씬 자유롭고 해방된 느낌이 들었다. 알고 보면 우리는 수없이 많은 불필요한 고정관념을 갖고 있다. 고정관념에서 벗어날 때 다른 사람들이 아닌 나 자신이 진정으로 원하는 것이 무엇인지 알 수 있다.

온갖 교만한 생각들을 물리쳐,
모든 생각들을 사로잡아 그리스도께 복종시킵니다.
고린도후서 10:5

남은 겨울을 따뜻하게 보내는 법

날씨가 음산하고 왠지 모르게 우울하게 느껴져서 독서 클럽 친구들에게 파티를 열자고 제안했다. 우리는 향이 풍부한 이태리 음식을 차려 먹기로 했다. 멜리사는 직접 만든 이태리식 후무스를, 켈리와 레이시는 빵과 치즈, 포도주를 가져왔다. 마치 요술 방망이를 두드린 것처럼 눈 깜빡 할 사이에 식탁 위에 파스타, 리소토, 샐러드, 구운 아스파라거스와 아이올리 소스가 올려졌다. 그리고 우리는 부지런히 그릇을 돌리며 이야기를 나누었다.

식사를 끝낸 후에는 커피 테이블에 둘러앉아 조명을 낮추고 샴페인과 함께 스테파니가 밀가루를 넣지 않고 만든 초콜릿 케이크를 후식으로 먹으며 웃음꽃을 피웠다. 누군가 동네 교회에서 한 달에 몇 번씩 트럭으로 사람들에게 음식을 배달하는 행사에 각자 알아서 얼마씩 돈을 기부하자는 제안을 했다. 와인잔 옆에 토마토 모양의 빨간색 단지를 놓아두었는데 친구들이 모두 돌아가고 나서 보니 그 단지가 지폐로 가득 채워져 있었다.

궁핍한 성도들과 함께 나누시오.
후하게 베푸는 것을 몸에 익히십시오.
로마서 12: 13

춥고 음산한 2월의 어느 날 저녁식사를 함께 한 손님들이 모두 떠나고 난 후 식탁에 앉아 촛불이 타내려가는 것을 바라보며 우리가 먹은 음식의 맛을 하나하나 떠올렸다. 우리는 음식을 나누어 먹으면서 더 크고 중요한 뭔가에 속해 있다는 것을 느꼈다. 나는 그 몇 시간 동안 날씨가 풀려서 얼어붙었던 강물이 녹은 듯 온몸 구석구석까지 건강해진 기분이 들었다.

다음 날 아침, 남편은 내가 유난히 기분이 좋아 보인다며 의아해했다. 실제로 나는 하루 종일 거의 날아다니다시피 했다. 밝은 기분으로 통통 튀어 다니며 집안 정리를 하고 친구들과 이웃을 위해 모은 돈을 세어서 푸드 트럭을 운영하는 교회의 목사님에게 갖다 드렸다.

몸으로 하는 일은 우리의 정신을 구현하는 일이다. 춥고 어두운 겨울밤 우리가 함께 모여서 허기를 달래거나 배고픈 사람들에게 음식을 대접하는 것은 바로 그렇게 고결한 일이다.

28

너희가 서로 사랑하면,
모든 사람이 너희가 나의 제자인 줄을 알 것이다.
요한복음 13:35

일요일은 특별하게

우리가 자랄 때 일요일 오후는 가족이 함께 보내는 시간이었다. 교회일을 끝내고 집에 돌아온 아버지는 피곤해 했지만 느긋하고 행복해 보였고, 우리가 무엇을 어떻게 하든지 그대로 내버려 두었다. 남동생과 나는 평일과는 달리 주방이 아니라 서재에서 숙제를 하거나 TV 스포츠 시청을 했다. 그 때마다 엄마는 커다란 둥근 접시에 두툼하고 따뜻한 블루베리 케이크를 구워서 뚜껑을 덮은 채로 서재로 가져와 각자의 접시에 덜어주었다. 그 위에 바닐라아이스크림을 한 주걱 떠서 올리면 뜨거운 블루베리 케이크 안으로 녹아든다. 도시 근교의 집에서 사계절 내내 호수가에서 보내는 여름날의 풍미를 느낄 수 있는 특별식이었다. 그 모든 것이 일요일에 우리만의 방식으로 휴식을 취하는 특별한 전통이었다.

29

이 날은 주님께서 만드신 날입니다.
이 날에 우리 다 함께 기뻐하고 즐거워합시다.
시편 118:24

닭고기 레몬 수프

이번 겨울에 나는 이 수프를 몇 번이나 만들었다. 레몬즙을 넣어 시원한 맛이 일품이고 감기 예방과 치료에도 좋다. 따뜻하고 편안한 겨울 분위기에 잘어울린다. 손님들은 한 그릇 후딱 비우고 더 달라고 한다.

잘게 썬 양파 2 컵

잘게 썬 샐러리 1 컵

잘게 썬 당근 1 컵

올리브유

저민 마늘 2~3 t

닭육수 또는 채소육수 6 컵

현미 1 / 2 컵

닭 살코기 2 컵 삶아서 잘게 찢는다

레몬즙 1/4 컵

신선한 딜 4줄기

소금 & 후추

1 냄비에 올리브오일을 두르고 양파, 셀러
리, 당근을 넣고 부드럽게 될 때까지 볶
다가 마늘을 넣고 살짝 더 볶는다.

2 닭육수(또는 채소 육수)와 쌀을 넣고 끓
인다.

3 쌀이 완전히 익기 5분전쯤에 닭 살코기
과 레몬즙을 넣는다. 소금과 후추로 간을
한다.

기다리며 살지 않을래

돌아보면 나는 항상 뭔가를 기다리며 살았다. 지금보다 날씬해지고 지금보다 더 성숙해지고 지금보다 더 유능해지고 지금보다 더 인정 받는 사람이 되기를 기다렸다. 내 머릿속에서 나는 항상 한 걸음 먼저 가서 기다리고 있었던 것이다. 고등학생 시절에는 대학생이 된 모습을 떠올렸고, 대학에서는 세련된 사회인이 된 모습을 떠올렸다. 미혼일 때는 결혼한 모습을, 결혼한 후에는 엄마가 된 모습을 떠올렸다. 그리고 이십 년 동안 날씬한 모습이 되기를 기다리며 살을 빼면 더 당당해질 수 있을 것이라고 생각했다. 내 삶은 하루하루 지나가고 있는데 나는 미래를 기다리며 현재를 놓치고 살았다.

이제 나는 더 이상 기다리지 않겠다. 오늘보다 더 소중한 시간은 없다. 오늘 안에는 작은 금 조각들처럼 반짝이는 순간들이 숨어 있다. 우리가 용기와 용서와 희망의 언어를 주고받으며 함께 나누는 음식 속에도 있다. 그런 순간들이 우리의 삶을 가장 빛나게 한다는 것을 나는 이제 알고 있다.

"오늘"이라고 말할 수 있는 한 날마다 서로 격려하십시오.
히브리서 3:13

내 머리 속에서 어떤 목소리가 들려온다. '나는 왜 이렇게 무능하고 제대로 할 줄 아는 것이 하나도 없을까.' 일이 풀리지 않을 때는 앞으로 항상 그럴 것이고 내 삶에 새로운 변화는 결코 일어나지 않을 것처럼 느껴지곤 한다. 그래서 주눅이 들고 더 잘하지 못하는 내가 부끄러워진다. 그럴 때는 일 년 전 오늘을 생각해보자. 올해의 나는 작년과 어떻게 달라졌는지, 그 동안 얼마나 더 현명해지고 성숙해졌는지, 얼마나 더 사람들과 세상을 이해하게 되었는지 생각해보자. 그리고 내년 이맘때는 또 어떻게 달라져 있을지 생각해보자. 그 오래된 목소리 대신 하느님의 말씀에 귀를 기울이자. 휴식과 희망과 치유의 목소리, 바싹 마른 오래 된 뼈에 새 생명을 불어 넣는 하느님의 말씀에 귀를 기울이자. 성경은 나에게 세상의 가장 깊은 물줄기이자 내 혈관을 흐르는 피이며, 좌우명, 안내자, 연애편지가 되기도 한다.

주님께서는 나를 안전한 곳으로 이끌어 가시고,
나에 대해 기뻐하심으로 구원해 주셨습니다.
시편 18:19

기도할 수 있는데 왜 걱정하는가

내가 하느님을 믿는 이유는 무엇보다 두려움과 사랑이 나를 미치게 할 때 기도할 수 있는 대상이 필요하기 때문이다. 첫 아기를 낳았을 때 하느님이 아이를 안전하게 지켜줄 거라고 믿지 못했다면 매일 밤 한숨도 자지 못했을 것이다. 사실 우리 아기는 건강하고 정상적이어서 무슨 일이 일어날 거라고 생각할만한 어떤 이유도 없었다. 하지만 나는 너무도 작은 몸으로 꼼지락거리는 진기한 존재를 보살피며 잠시도 안심할 수 없었다. 그래서 밤마다 우리 아기를 지켜달라고 소리 내어 기도했다. "사랑하는 하느님, 우리 아이에게 밤새 아무 일도 없도록 보살펴 주세요. 아이를 제게 주셔서 감사, 또 감사하오니 부디 안전하게 지켜주세요." 이렇게 기도를 하다 보면 어느새 마음이 편안해지면서 나도 모르게 달콤한 잠 속으로 빠져 들어가곤 했다.

34

내가 편히 누워 잠드는 것은
주께서 나를 평안히 쉬게 하여 주시기 때문입니다.
시편 4:8

파괴는 창조의 시작

나는 전통적인 조리법을 그대로 따라 하지 않는 고약하다면 고약한 버릇이 있다. 우리 어머니는 요리에 관한 한 보수적인 분이다. 자신이 배우고 알고 있는 레시피에서 벗어나는 것을 용납하지 않는다. 내가 이것저것 새롭게 시도하는 요리는 인정하지 않으려고 한다. 내가 요리를 할 때는 못마땅한 기색을 보이거나 잔소리를 하지 않으려고 아예 부엌에 들어오지 않는다.

물론 반드시 지켜야 하는 레시피가 있다. 만일 빵을 구울 때 이스트를 넣지 않으면 딱딱한 과자가 되어버릴 것이다. 요리에서도 인생에서와 마찬가지로 타협할 수 없는 기본적인 규칙이 있다. 그러한 타협 불가능한 규칙을 지킨다면 나머지는 각자의 입맛과 취향에 맞춰서 마음껏 상상력을 발휘할 수 있다. 새로운 요리의 발견은 규칙을 깨는 것에서 시작될 수 있다. 파괴는 창조의 또 다른 이름이다.

우리는 자유롭게 무엇이든 할 수 있지만
모든 것이 다 유익한 일은 아닙니다.
고린도전서 10:23

35

얼마 전 TV에서 한 요리 프로그램 진행자가 세상에는 두 종류의 사람이 있다고 했다. 아침에 눈을 뜨고 저녁에 뭘 먹을까를 생각하는 사람과 그렇지 않은 사람이 있다고. 나는 분명 전자에 속한다. 나는 수시로 팬에서 기름이 지글거리는 소리, 로즈마리를 다질 때 풍기는 향기를 갈구한다. 오늘뿐 아니라 내일과 모레 무엇을 먹을지 생각한다. 나는 원래 그렇게 태어났고 하느님이 그렇게 나를 만들어준 덕분에 긍정적이 되기가 좀 더 쉬운 것 같다. 사랑하는 사람들을 위해 저녁식사를 준비하는 시간, 처음 가는 레스토랑에서 메뉴판을 펼치는 순간, 와인의 코르크마개를 따는 순간을 사랑한다. 에스프레소 커피에 적셔 먹는 케이크는 고갈된 몸과 마음을 충전해준다.

우리 자신을 사랑하는 방법 중의 하나는 우리가 사랑하는 대상을 부끄러워하지 않고 떳떳하게 밝히는 것이다. 진정한 나 자신으로 살아가는 것의 일부는 내가 정말 사랑하는 것이 무엇인지 알고 즐기는 것이다.

주님은 하늘에서 굽어보시며, 모든 사람들을 살펴보신다.
계시는 곳에서 땅 위의 모든 사람들을 지켜보신다.
시편 33:13~14

시내에 있는 출장요리학교에서 주최하는 요리캠프에 참석한 적이 있다. 거기서 내가 알게 된 것은 요리는 직접 해봐야 내 것이 된다는 것이다. 나는 처음 오믈렛을 만들 때 다섯 번이나 줄줄이 실패를 거듭했다. 방법을 알아도 제대로 맛을 낼 수 없었다. 요리는 몸으로 배우는 것이다. 칼에 재료가 썰리는 것을 느끼고 기름이 튀기는 소리를 듣고 냄새를 맡으면서 배운다.

우리는 많은 것들을 머리보다 몸으로 배운다. 우리는 육체를 가진 존재다. 몸이 없다면 얼굴 위로 쏟아지는 햇빛도 느끼지 못하고 비 온 뒤 땅에서 올라오는 흙 냄새도 맡지 못할 것이다. 두 팔로 사랑하는 사람들을 끌어안지도 못할 것이고 한여름에 태양 아래서 빨갛게 익은 토마토가 얼마나 맛있는지 알지 못할 것이다. 세상과 직접 부딪칠 때 그 경험은 내 것이 된다. 그리고 세상의 그 모든 아름다움을 향유하려면 하느님이 주신 우리 몸을 소중하게 지켜야 한다.

지혜가 네 마음에 들어가고,
지식이 네 영혼을 즐겁게 할 것이다.
잠언 2:10

계피빵 프렌치 토스트

어느 부활절에 임신한 친구와 이 음식을 만들어서 포크를 들고 앉은 자리에서 마지막 한 입까지 먹어치웠다. 이 요리는 브런치 또는 휴일 아침식사로 완벽하며 또한 손님들을 위해서도 훌륭하다. 전날 밤에 냉장고에 넣었다가 다음 날 꺼내서 구우면 잘 재워져서 더 맛있어진다.

시나몬 롤케익 1개
크림치즈 1팩 (230그램)
달걀 8개
우유 2 ½ 컵
버터 6T
메이플 시럽 1 /4 컵

1 시나몬 롤케익을 큼지막하게 깍뚝썰기
   를 한다.

2 13x9인치 팬에 버터를 바르고 빵조각들
   중 반을 바닥에깐다. 크림치즈를 그 위에
   얹고, 남은 빵조각을 올린다.

3 믹서에 달걀, 우유, 버터, 메이플 시럽을
   넣고 간다. 이것을 빵과 크림치즈 혼합물
   위에 붓는다.

4 뚜껑을 덮고 냉장고에 몇 시간 내지 하
   룻밤을 재운다.

5 뚜껑을 덮지 않고 180도로 예열한 오븐
   에서 30~40분 정도 지난 후 이쑤시개로
   가운데를 찔러보아서 아무 것도 묻어나
   오지 않을 때까지 굽는다.

6 10분 정도 식혔다가 잘라서 따뜻한 메이
   플 시럽과 함께 식탁에 낸다.

부엌으로 돌아오다

그 옛날 많은 어머니들은 가족을 먹이느라 부엌을 떠나지 못했다. 그래서 딸들은 자신들처럼 살지 않도록, 부엌에서 나가 공부하고 여행하고 인생을 즐기면서 살기를 바랐다. 그들 자신은 그렇게 살지 못한 것을 아쉬워하면서 딸들에게 자유를 주고자 했다.

우리 어머니도 그랬다. 하지만 나는 부엌으로 돌아왔다. 부엌에서 식재료를 다듬고 썰고 냄새를 맡고 맛을 보고 사랑하는 사람들에게 먹인다. 나는 이것이 무엇보다 중요하다고 생각한다. 가끔 시간에 쫓겨서 즉석 음식이나 배달 음식을 먹고 나면 뭔가 중요한 것을 놓쳐버린 느낌이 든다. 특히 컴퓨터 화면 앞에서 많은 시간을 보내는 사람들은 건강을 위해 자리에서 움직이는 시간이 필요하다. 나에게는 요리하는 시간도 그 중 하나다. 요리는 나 자신과 사랑하는 사람들을 보살피고 있다는 매우 근원적이고 안전한 느낌을 준다.

사람이 먹고, 마시고, 힘써 일한 것에서 만족을 느낄 수 있다면,
그것이 바로 하느님이 주신 선물이다.
전도서 3:13

해야 할 일이 너무 많으면 대충 여기저기 쑤셔 넣고, 밀어내고, 서두르고, 종종걸음을 친다. 마감일이 다가오면 좀 더 시간을 달라고 애원을 하고, 출장을 가기 전에는 내가 집에 없는 동안 가족이 먹을 음식을 만들어 놓는다. 머리 속에서는 게으름 피우지 말고 더 분발하고, 미리 계획하고, 실수하지 말라고 야단을 치는 목소리가 들린다. 내 마음은 내 몸이 지금 있는 자리에서 일곱 발자국 앞서 있지만 뭔가 항상 부족하게 느껴진다.

올해는 더 많이 사랑하고 덜 허둥대면서 살고 싶다. 그렇다면 어떤 일을 할 것인지 결정하는 기준이 필요하다. 만일 '이 일을 하려면 미친 듯이 바쁘게 움직여야 해. 그래도 이 일은 반드시 해야 할까? 가족들과 오붓하게 보내는 시간이 부족하지 않은가? 현재의 삶에 충실할 수 있는가?' 라는 물음에 '아니다.' 라는 대답이 나오면 그 일은 하지 말아야 한다. 시간에 쫓기지 않고 집중하면 지금 하는 일들을 더 잘할 수 있다.

평온한 삶을 위해 최선을 다하십시오.
데살로니가전서 4:11

~~~~~~

~~~~~~

~~~~~~

~~~~~~

~~~~~~

~~~~~~

겪어본 사람만이 알 수 있다

지난 주에 옛 친구를 만났는데 그녀는 올 초에 일자리를 잃었고 그 상실감에서 아직 완전히 회복하지 못하고 있었다. 그녀는 내가 아는 가장 즐겁고 열정적으로 사는 사람이었지만 이제 부쩍 지치고 소심해 보였다.

"그 마음 누구보다 내가 잘 알아." 나는 그녀에게 말했다. "네가 지금 어떤 기분인지 알겠어. 마치 모든 것이 정지해버린 것 같고, 바로 눈앞에서 아무리 근사한 일이 벌어져도 인식할 수 없을 거야. 이제까지 항상 너를 행복하게 해주던 것들은 더 이상 재주를 부리지 못할 거야. 나도 그런 일을 겪었어. 당시에는 절대 그 기분에서 빠져 나오지 못할 것 같았지. 하지만 시간이 지나면 알게 될 거야. 너에게는 더 소중한 것들이 있다는 것을. 그리고 또 다른 곳에서 더 잘하고 있는 너를 발견하게 될 거야. 경험자인 내가 장담할 수 있어."

하느님께서는 우리를 모든 고난 속에서 위로해 주시기 때문에,
우리도 그분에게서 받은 위로로,
고난 속에 있는 사람을 위로할 수 있습니다.
고린도후서 1: 3~4

내 안에 있는 나

우리 할머니는 연세가 여든 둘이다. 할머니는 나이를 먹어도 청춘 시절의 어떤 기억들은 생생하게 남아 있다고 말씀하신다. 할머니는 옛날 사진 속 열세 살 소녀가 느꼈던 것, 열아홉 신부가 느꼈던 것, 오토바이 뒷자리에서 서른 살 여자가 느꼈던 것을 모두 기억하고 있다. 그 당시의 순간들이 모두 당신 안에 있다고 말씀하신다. 똑같은 인형들이 안에 겹쳐져서 들어 있는 러시아 인형처럼 말이다.

어느 날 밤 나는 사진첩에서 지금의 남편과 데이트를 시작하고 어느 결혼식에 참석한 사진을 보았다. 그의 팔은 나를 꼭 끌어안고 있고, 나는 그의 무릎 위로 올라갈 것처럼 아주 바짝 붙어 앉아 있었다. 만일 그럴 수만 있었다면 우리는 피로연 내내 키스를 했을 것이다.

그 사진에는 남자에게 홀딱 반해 있는 여자와 그런 여자를 사랑하는 남자가 있었다. 사랑에 빠진 그 여자는 러시아 인형처럼 지금도 내 안 어딘가에 있다.

43

몇 년을 살든,
하루하루를 즐겁게 살아라.
전도서 11:8

봄날

내가 살고 있는 작은 세상에는 봄이 금요일 오후에 정식으로 시작된 것 같다. 남편과 나는 앞에서 세발자전거를 타고 가는 헨리를 따라 걸어서 공원에 갔다. 우리는 작은 아이와 공원 풀밭에 앉아 헨리가 미끄럼틀과 그네를 타고 놀이기구를 오르내리는 것을 한참 동안 지켜보았다. 그리고 부드러운 저녁 노을을 받으며 집으로 걸어왔다. 아기를 안고 뒤뜰에 매어 놓은 해먹 안에서 흔들리고 있는 동안 남편은 헨리와 그릴에 고기를 구웠다. 그리고 테라스 탁자에 앉아서 잘 익은 멜론과 딸기, 후무스, 구운 치킨을 먹었다. 봄이 온몸으로 느껴졌다. 계절의 변화는 내면의 겨울에서 깨어나 익숙해진 먼지와 어둠을 털어내게 한다. 나는 오랫동안 겨울처럼 지냈다. 자주 아팠고, 위축되고 외로웠다. 이제 주변의 봄을 내 자신의 삶으로 초대하면서 내 안에서 봄이 자리를 잡고, 비록 작은 것이라도 새로운 생명의 징표를 보여주기를 희망한다.

44

땅이 새순을 돋아나게 하고 정원이 씨를 틔우듯이
주님께서는 모든 민족들 앞에 의로움과 찬미가 샘솟게 하실 것이다.
이사야 61:11

미안하고, 고맙다

나는 내 몸에게 사과해야 한다. 수천 번도 더 사과해야 한다. 왜냐하면 그동안 수없이 내 몸을 비난하고, 밀고, 당기고, 굶기고, 잔뜩먹이고, 조롱하고, 속이고, 감추고, 미워했기 때문이다. 그래서 사과를 구하고 또한 고마워해야 해야 한다. "내 몸아, 너를 당연하게 여겨서 미안해. 네가 달라지기를 바라면서 내가 원하는 모습이 아니라고 학대를 해서 미안해. 정말 미안해. 그리고 내가 그렇게 함부로하는데도 불구하고 건강하게 있어줘서 고마워. 내 아이들을 임신해서 낳아주고 먹여줘서 고마워." 이렇게 큰 소리로 자주 칭찬을 해줘야겠다. 내 몸은 지금까지 자신에게 주어진 일을 성실히 해내고 아직 별 탈 없이 건강을 유지하고 있다. 그런 몸에게 감사하고 이제부터라도 좀 더 아끼고 보살펴야 한다.

45

주님을 찬양합니다.
내가 신기하고 놀랍게 만들어졌다는 것을 알기 때문입니다.
시편 139:14

그 날 그런 일이 없었더라면

나에게는 결코 잊을 수 없는 날들이 있다. 아기가 태어나기로 예정되어 있던 날, 사랑하는 사람과 헤어진 날, 친한 친구가 세상을 떠난 날을 기억한다. 영원히 잊을 수 없는 그런 날들은 벽에 걸린 달력을 지뢰밭으로 만든다. 그런 날이 오면 까치발을 하고 살금살금 피해 가려고 해도 결국 슬픔의 폭탄을 밟고 온 몸이 산산이 부서지는 듯 느낀다.

　당신에게도 그렇게 기억되는 일이 있을 것이다. 그리고 당신이 잃어버린 것은 너무나 소중해서 결코 잊을 수 없거나 잊고 싶지 않을 것이다. 당신이 언제 어떤 아픔을 겪었는지 나는 모른다. 당신이 무엇을 잃었는지, 달력 위에 어떤 기억들이 영원히 붙어버렸는지 나는 모른다. 다만 아픔보다 소중함을 더 많이 기억할 수 있기를 바랄 뿐이다. 인생에서 확실한 것은 없다. 시간이 지나면 슬픔은 점차 누그러질 것이다. 하지만 오늘은 그때 그런 일이 없었더라면 좋았을 거라는 생각에 조금 울어도 된다.

46

내 눈은 눈물로 보이지 않고...
심장은 땅 위로 녹아내립니다.
예레미아애가 2:11

우리 같이 걸을까요?

예수님이 우리 집 문을 두드리는 이미지는 얼마나 아름다운가? 이것을 단지 구원이나 개종의 순간으로 해석하는 것은 너무 좁은 의미로 이해하는 것이다. 예수님이 매일 아침 친절한 이웃처럼 우리 집 문을 두드리고 이렇게 묻는다고 상상해보자. "우리 같이 걸을까요?" 그분은 항상 우리 집 문을 두드리고 계신다고, 새로운 이야기를 들려주기 위해 거기 계신다고 상상해보자.

　사람들은 실패를 경험하면 한동안 어둠 속에서 헤어나지 못한다. 마치 목에 이렇게 적힌 팻말을 걸고 있는 것처럼 보인다. '이게 바로 나라는 인간의 전부입니다. 나는 구제불능이에요.' 이런 생각은 진실이 아니다. 현실에서의 실패가 우리를 규정할 수는 없다. 우리의 존재는 그 자체만으로도 가치가 있다. 하느님은 당신이 어떤 실수나 실패를 해도 당신을 사랑하고 용서하며 함께 걷기를 원하신다.

내가 여기 왔다!
내가 문 밖에 서서 문을 두드리고 있다.
요한계시록 3:20

치커리 사과 샐러드

간단하면서도 풍미 가득한 프랑스 샐러드
이다. 샐러드 내용물을 함께 모아 접시에
담고 비네그레트 소스 재료를 병에 넣고
흔들어 위에 뿌려서 식탁에 올리면 그만
이다.

사과 1개
치커리 3다발
피칸 1 /4컵, 구워서 부순다
고트치즈 1 /2컵
비네그레트 소스

* 비네그레트 소스
샬롯1개 (또는 양파 반개) 다진다
레드와인 식초 1 /4컵
디종 머스터드 1T
꿀 1t
엑스트라 버진 올리브유 1 /2컵
소금과 후추 약간

환절기

얼마 전 친구 로자와 함께 산책을 나갔다. 그녀는 나보다 연장자이며 아이가 넷이다. 그녀의 남편은 치과를 개업해서 성공적으로 운영하고 있다. 지난 몇 년 동안 그들 부부는 세계를 여행하며 여러 곳의 교회에서 봉사를 했는데 이제 북아프리카로 가서 정착을 하겠다는 결심을 했다.

그녀는 집을 팔고 이주할 준비를 하는 시간이 환절기와 같다고 표현했다. "쇼나, 모든 것은 지나가는 과정일 뿐이야. 어떤 상황이 영원히 계속될 것 같지만 나중에 보면 그 다음에 오는 뭔가를 위한 준비였다는 것을 알게 되지. 우리는 지금 떠나지만 사실 아무것도 장담할 수는 없어."

우리 삶은 우여곡절의 연속이다. 우물을 깊이 파고 계획을 세우고 바위에 새긴다고 해도 언제라도 예상치 못한 일이 생길 수 있다. 그럴 때는 삶이 우리를 데려 가는 곳으로 따라가며 지켜볼 수밖에 없다. 그러나 하느님과 함께 하는 삶에는 언제나 놀라움과 희망이 있다.

주님께서 저에게 생명의 길을 보여주시고,
함께 하시는 기쁨을 주시니, 주님 오른쪽에서 길이 즐거울 것입니다.
시편 16:11

우리 삶의 목적지

나는 지금까지 살면서 하느님이 우리를 만드실 때 각자를 위한 삶의 길을 설계하셨다는 것을 느낄 때가 있었다. 하느님은 내가 길에서 벗어날 때마다 다시 원래 있던 장소에 데려다 놓았다. 하느님은 위대한 사랑으로 우리 각자를 위한 길을 마련해두셨다. 그 길이 작고 평범하며 기대한 것과 다를지라도 묵묵히 따라 가다 보면 언젠가는 평화로운 목적지에 도달할 것이다. 그 목적지는 바로 진정한 우리 자신이 되는 것이다. 우리 자신이 아닌 다른 누군가가 되고자 한다면 영원히 불행할 수밖에 없다. 만일 스스로 부족하게 여겨질 때가 있다면 세상을 향해 시선을 돌려보자. 하느님이 창조하신 세상은 얼마나 오묘하고 훌륭한가. 우리 한 사람 한 사람도 하느님의 훌륭한 창조물이다.

우리는 모두 너울을 벗은 얼굴로 주님의 영광을 바라보면서,
끊임없이 더하는 영광과 함께 그분의 모습으로 바뀌어 갑니다.
고린도후서 3:17~18

친구는 아침식사와 같다

좋은 친구는 아침식사와도 같다. 어쩌다 너무 바빠서 아침을 거르면 허기가 져서 일이 손에 잡히지 않는다. 마찬가지로 시간이 없기 때문에, 집이 엉망이기 때문에, 그냥 귀찮기 때문에 혼자 지내다가 어느 날 힘든 하루나 한 주를 보내고 나면 문득 허기와 같은 외로움을 느낀다. 친구들과 점점 멀어져서 크리스마스 카드를 주고받을 사람조차 없을 것이라는 생각이 든다.

친구를 만나기 위해 길을 건너거나, 차를 타고 시내를 가로질러 가거나, 다른 나라로 비행기를 타고 가거나, 어떤 수고가 필요해도 우리가 해야 할 일 목록에서 맨 나중으로 미루지는 말자. 지금 자리에서 일어나 대문을 활짝 열거나 전화를 하거나 싼 비행기표를 끊자. 그 무엇도 친구들과 한바탕 웃고 그들이 나지막한 목소리로 뭔가를 일깨워주는 순간을 대신할 수 없다. 좋은 친구들은 우리를 성장하게 하고 강하게 해준다. 우정은 누가 먼저랄 것도 없이 함께 가꾸어 가는 것이다.

혼자서는 밀리겠지만, 둘이서는 막아낼 수 있다.
세 겹의 줄은 좀처럼 끊어지지 않는다.
전도서 4:12

우리가 함께 살아갈 날들

내가 어릴 때 아버지 교회에 나오던 한 남자는 우리 부모님에게 가족여행을 하라고 권했다. 그런데 우리에게 여행을 가라고 권했던 그가 어느 날 갑자기 세상을 떠났다. 우리가족은 그의 장례식에 참석해서 그가 가족과 함께 여행하면서 찍은 수백 장의 사진과 비디오를 감상했다. 장례식을 끝내고 집으로 돌아가기 위해 차를 향해 가다가 아버지가 참고 있던 울음을 터트렸다. 아버지는 걷잡을 수 없는 눈물을 흘리며 두 팔을 벌려 우리 가족을 끌어안았다.

"우리도 저들처럼 해야겠구나." 아버지는 흐느끼며 말했다. "우리 이제 더 많이 함께 시간을 보내자꾸나. 그보다 더 중요한 일은 없는 것 같다."

그날 이래로 우리 가족은 좀 더 자주 여행을 하며 사진과 비디오를 찍어두었다. 아름다운 추억은 우리가 살아온 삶을 돌아보며 감사하는 마음을 갖게 한다.

우리의 인생이 얼마나 짧은지 깨닫게 해주소서.
그러면 우리의 마음이 지혜로워질 것입니다.
시편 90:12

기도를 위한 기도

기도를 하면 내 안에서 길을 잃고 갈팡질팡 하던 뭔가가 편안히 쉴 곳을 발견한다. 기도를 하면 이 우주에 나 혼자가 아니라는 느낌이 든다. 나를 감싸주는 아주 촘촘하고 단단하게 엮인 망이 계속 짜이고 있는 것처럼 느껴진다. 나는 비록 연약한 존재이지만 세상에는 강력한 힘이 있고, 그 힘을 가진 그 존재는 선하며 우리를 위해 악과 싸우고 있다는 믿음이 생긴다.

수백 명이 합창을 하면서 더할 나위 없이 아름다운 화음으로 한 사람 한 사람이 열과 성을 다해 노래하는 광경을 상상해보자. 그들 중 어느 한 사람의 목소리를 들을 수 없는 것은 중요하지 않다. 그들이 합창을 하는 이유는 자신의 목소리를 들려주기 위해서가 아니라 다 함께 화음을 맞추는 노래를 사랑하기 때문이다. 합창하는 마음으로 기도를 할 때 평화와 은총을 간구하는 모든 이들과 목소리를 함께 할 수 있다.

여러분 가운데 고통을 겪는 사람이 있습니까?
그런 사람은 기도하십시오.
야고보서 5:13

화해하는 법

남편과 내가 말다툼을 하고 서먹해졌을 때 화해를 하는 방법은 억지로라도 함께 시간을 보내는 것이다. 나는 하이힐을 신고 향수를 뿌리고 남편은 넥타이를 매고 외출을 해서 데이트를 한다. 손을 잡고 걸으면서 세상 사람들이 사는 모습을 구경하며 가벼운 대화를 주고받는다. 그러면서 우리 두 사람은 동업자가 아닌 연인이라는 사실을 확인한다. 그렇게 다시 서로에게 마음을 열면 우리가 왜 다투었는지 왜 화가 났는지 속마음을 이야기하게 되고 오해를 풀 수 있다. 사랑이란 상대방의 마음 속에서 일어나는 일에 귀를 기울이고 진정으로 관심을 갖는 것이라는 사실을 다시 한 번 마음에 새긴다.

55

사랑에는 두려움이 없습니다.
완전한 사랑은 두려움을 몰아냅니다.
요한1서 4:18

남녀 간의 우정

얼마 전 오랫동안 만나지 못한 학창 시절 친구가 로스앤젤레스에 살고 있는 것을 알게 되었다. 그 곳에 갈 일이 생겨서 나는 그에게 만나고 싶다고 이메일을 보냈다. 그에게서 답장이 왔다. 그의 부인과 아이들이 친정에 가고 없어서 만약 만난다면 단 둘이 만나야 한다고 했다. 그리고 이렇게 덧붙였다. "이상하게 들릴지 모르지만, 나는 아내와 약속한 것이 있어. 다른 이성과 단둘이 만나지 않기로 했어. 단지 낮에 만나서 커피를 마신다거나 아주 옛날 친구를 만나는 경우라 하더라도 말이지."

그는 아내와의 약속을 저버리지 않으려고 나에게 너무 소심하거나 좀 무례해 보이는 것을 감수했다. 그는 아내와의 관계가 나와의 우정보다 더 중요하다는 것을 알고 있었다. 비록 나와 다른 생각을 갖고 있더라도 상대방의 생각을 존중해주는 것이 우정을 지키는 방법이다.

너는 네 우물에서 물을 마시고,
네 샘에서 솟아나는 물을 마셔라.
어찌 네 물이 길에 흘러넘치게 하느냐?
잠언 5:15-17

당신의 이야기로 충분하다

몇 년 전 일요일 아침마다 사람들이 모여서 한 사람씩 돌아가며 자신의 이야기를 들려주는 모임을 주관한 적이 있었다. 처음에 사람들은 아무 꾸밈없이 있는 그대로 자신의 이야기를 했다. 그리고 다 함께 울고 웃으며 하느님이 우리의 삶에 역사하심을 확인할 수 있었다. 그런데 언제부턴가 사람들이 조금씩 달라지기 시작했다. 그들은 단상에 올라가 유명한 인용문이나 위대한 인물들의 이야기를 했다. 아마 개인적이고 일상적인 이야기를 하는 것으로는 부족하다고 느꼈나 보다. 하지만 나에게는 과거에 살았던 위인들보다 지금 우리와 함께 사는 평범한 사람들의 이야기가 더 가슴에 와 닿는다. 그것은 어떤 훌륭한 지도자도 할 수 없는, 오직 우리 자신만이 할 수 있는 아주 특별한 이야기이기 때문이다. 그리스도로 인해 변화된 우리 자신의 이야기를 들려줄 때 그 이야기는 하느님이 누구신지를 알려주는 이야기가 된다.

너희는 이것을 자녀들에게 말하고,
자녀들은 또 그들의 자녀들에게 말하며,
그들은 또 그 다음 자녀에게 말하게 하여라
요엘 1:2-3

프레골로타

나는 빵 굽는 데는 전혀 소질이 없다. 계량
이 정확하지도 못하고 인내심도 부족하기
때문이다. 하지만 이 맛있는 타르트는 만
들기가 아주 쉬워서 나도 자신있게 만들
수 있다.

무염버터 12T
설탕 1 /2컵
아몬드유 1 /4t
다용도 밀가루 1½컵
소금 1 /8t
잼 1/2컵(나는 라즈베리잼이나 무화과잼을 좋
아한다)
생아몬드 슬라이스 1 /3컵

1   오븐을 180도로 예열한다.

2   큰 볼에서 버터와 설탕을 전동 핸드믹서
    로 중간 속도로 3~4분 젓는다. 아몬드유
    를 넣고 다시 섞는다.

3   밀가루와 소금을 넣고 저속으로 완전히   59
    섞일 때까지 젓는다. 반죽을 한 컵 덜어서
    둥굴려 랩에 싸서 냉동실에 넣는다. 이렇
    게 얼리면 잘 부서진다.

4   남은 반죽을 9인치 타르트 팬이나 분리
    형 원형틀에 눌러 담는다. 반죽이 너무 끈
    적거리면 잠깐 냉각시킨다.

5   위에 잼을 올리고 가장자리 1인치 정도
    남기고 골고루 편다. 냉동고에 넣어둔 반
    죽 볼을 꺼내 부셔서 잼 위에 얹는다. 아
    몬드를 맨 위에 뿌린다.

6   오븐에 넣고 토핑이 노릇노릇해질 때까지
    40~50분 굽는다. 오븐에서 꺼내서 식힌다.

내면에 귀 기울이기

스트레스를 받으면 내가 본능적으로 하는 몹쓸 행동이 있다. 흙을 파헤쳐서 송로버섯을 찾아내는 돼지처럼 게걸스럽게 먹고 마시는 거다. 그런 식으로 잠시 모든 것을 잊고 자유로워진 것처럼 느낀다.

사실은 그런다고 문제가 해결되는 것이 아니다. 그럴 때일수록 현실에 두 발을 단단히 디디고 서야 한다. 나 자신을 돌아보고 솔직하게 어려움을 인정해야 한다. 감정과 기대와 상처를 자세히 들여다봐야 한다. 그리고 기도의 힘을 빌려 두려움과 나약함을 극복한다면 더 나은 선택을 할 수 있다. 자포자기로 먹고 마시는 것은 상황을 더욱 악화시킬 뿐이다. 제시간에 맞춰서 식사를 하고 음식을 골고루 천천히 음미하며 먹는 것이 필요하다. 몸을 건강하게 관리해야 스트레스를 견디는 힘과 면역력이 생기고 평온한 마음을 유지해서 현명한 판단을 내릴 수 있다.

비틀거려도 넘어지지 않으니,
주님이 손을 잡아 주시기 때문이다.
시편 37: 23~24

금식

남편이 금식을 시작했다. 금식은 우리의 몸과 마음을 하느님의 뜻에 맡기고 침묵과 기도를 위한 공간을 만드는 한 가지 방법이다. 나도 동참하기로 했고 우리는 무엇을 하고 어디에 있든 일주일 동안 주스와 수프 외에는 아무것도 먹지 않았다. 그리고 아침저녁으로 기도를 했다.

처음에는 당황스러울 만큼 힘들었다. 얼마 안가 우리는 무척 예민해져서 서로를 비난하며 빠져나갈 구멍을 찾으려고 했다. 그러다가 어느 순간 머리가 놀랄 만큼 맑아진 것을 느꼈다. 마음과 영혼이 깨끗하게 닦여져서 마치 처음으로 제대로 작동하는 것 같다. 아주 명석하고 합리적인 사람인 것처럼 느껴진다. 밤에는 아기처럼 곤히 잤고 아침이면 가뿐하게 일어난다. 기도할 때면 평화와 기대와 확신으로 가득하다. 얼마 전부터 나를 괴롭히던 두려움과 불안이 사라졌다. 이 상태가 얼마나 갈지는 모르지만 기도와 금식의 시간은 우리가 하느님께 의지해야 한다는 사실을 다시 한 번 일깨워준다.

우리는 금식하며 이 일에 대해 하느님께 탄원하였고,
하느님은 우리의 기도를 들어주셨다.
에스라 8:23

절제의 치유력

❁

내 친구 사라는 음식을 사랑하고 먹는 것을 즐기지만 절대 과식을
하지 않는다. 살기 위해 먹는 동시에 먹기 위해 사는 듯이 보이는 그
녀는 매력적이다. 나는 오랜 세월 다이어트를 반복하면서 수치심과
자기혐오로 두렵고 불안정한 상태에 있었다. 내가 때로 금식을 하는
이유는 먹는 것을 부끄러워하거나 식욕을 통제하지 못하는 나를 벌
주는 것이 아니다. 나를 치유하고 내가 가진 자제력을 되찾기 위해
서다. 나를 유혹하는 식욕에게 '이제 충분히 먹었어' 라고 거부하는
힘을 기르기 위해서다. 나는 금식을 하면서 식욕에 휘둘리지 않고
절제할 수 있다는 것을 확인한다. 물론 일 년 열두 달 시종일관 절제
하고 균형을 유지한다면 더 없이 좋겠지만 정신 건강을 위해서는 가
끔은 느슨해져서 포식을 허락할 수도 있다. 추수감사절이나 크리스
마스 같은 명절에는 마음껏 먹고 즐기는 시간도 필요하다. 비록 잠
시 후에 후회를 할지라도 말이다.

62

육체가 바라는 것은 성령을 거스르고,
성령이 바라는 것은 육체를 거스릅니다.
이 둘이 서로 갈등하므로 원하는 대로 다 할 수 없는 것입니다.
갈라디아서 5:17

여과해서 보고 듣기

사람들이 우리에 대해 하는 모든 평가를 똑같은 무게로 받아들일
필요는 없다. 페이스북이나 블로그에서 당신을 비판하는 고약한
글들을 아무 생각 없이 받아들인다면 그런 말들이 비수가 되어 곧
바로 심장을 향해 날아들 것이다. 반대로 누가 무슨 말을 하든지
상관하지 않겠다며 귀를 닫아버리고 진심을 담아서 충고를 해도
듣지 않는 사람들도 있다. 여기저기서 들려오는 소리에 모두 반응
을 하거나 높이 벽을 쌓아올리고 아무 소리도 듣지 않으려고 하는
것은 둘 다 건강하지 않은 방법이다. 가장 좋은 방법은 여과장치
를 사용하는 것이다. 나는 사람들이 하는 말과 내가 사랑하는 사람
들이 해주는 충고를 같은 크기로 듣지 않으려고 한다. 우리 마음에
상처를 주는 목소리는 걸러내서 쓰레기통에 버려도 된다.

63

하늘에서 오는 지혜는 무엇보다도 순수하고 평화롭고
사려 깊고 유순하며 자비와 좋은 결과로 가득하고
공평하고 거짓이 없습니다.
야고보서 3:17

위로하는 법

얼마 전 너무 피곤하고 지친 나머지 안개가 낀 것처럼 정신이 흐릿했다. 다른 여자들도 일하면서 아이들을 키우는데 나는 왜 이렇게 힘드냐고 남편에게 하소연을 했다. "집 청소는 누구나 다 하는 일이에요. 그런데 어째서 나는 어느 것 하나 제대로 하지 못하는 걸까요?" 이런 말을 한 이유는 사실 남편에게 미안한 마음도 있었기 때문이다. 그러자 남편이 말했다. "그런데 말이지, 여보, 다른 사람들이 한다고 해서 당신도 해야 하는 건 아니야. 당신이 할 수 있는 것만큼 하는 것으로 충분해." 짧은 침묵이 흘렀다. 그 때 마음 한구석이 따뜻해지면서 나도 모르게 이렇게 외쳤다. "그렇죠? 지금도 나는 충분히 잘 하고 있어요!" 우리는 깜짝 놀란 얼굴로 서로를 쳐다보았다.

따뜻한 위로는 쓰러진 사람에게 다시 일어설 힘을 준다. 우리는 사람들의 부족함을 지적하기보다 먼저 그 사람의 입장을 이해하고 위로하는 법을 배워야 한다.

친절한 말은 송이꿀과 같아서,
영혼에 달며 몸을 치료한다.
잠언 16:24

계절은 다시 돌아온다

이따금 세상이 암울하게 느껴질 때가 있다. 굴러가는 낙엽만 봐도 눈물이 글썽거릴 때가 있다. 지난 여름의 기억은 가슴이 찢어지는 듯한 아픔으로 가득하다. 남편이 직장을 옮기면서 새로 이사한 집에서 나는 유산을 했고 남편은 얼마 되지 않아 일을 그만두었다. 그곳에서 계속 살아야 하는 이유는 없어졌지만 우리는 그 후에도 한동안 그 집에서 머물렀다. 우리는 아름다운 곳에 살고 있었지만 행복하지는 않았다. 매일 저녁 황금빛 노을이 하늘을 아름답게 물들이고 따뜻하고 상쾌한 바람이 불어왔지만 나는 샤워를 하면서도 울고 혼자 차 안에서 울었다. 발코니에 앉아 강 위의 배들을 바라보며 마음과 머리가 모두 텅 빈 것처럼 느꼈다.

하지만 지금은 그 기억에서 아주 멀리 벗어나 있는 것을 느낀다. 내 마음 속에서 어떤 밝고 긍정적인 생각들이 싹트고 있는 것 같다. 다시 희망을 느낀다. 지금 모든 것이 절망적으로 느껴진다고 해도 언젠가는 지나간 추억으로 기억될 것이다.

65

내가 그들의 애도를 즐거움으로 바꾸고
슬픔 대신 위로와 기쁨을 줄 것이다.
에레미야 31:13

자원봉사

우리 교회에서는 30년 이상 궁핍한 가정에 음식을 제공하는 봉사를 해왔다. 한 해 800명이 넘는 자원봉사자들이 돌봄 센터에서 빵과 고기, 교회 정원에서 키운 채소를 나누어준다. 나는 정기적으로 교회 식품저장실에서 자원봉사를 한다. 처음 시작할 때는 글이 안 써지고 마감을 지키지 못해서 쩔쩔 매는데 시간을 다른 일에 허비하는 것이 아닌가 생각했다. 하지만 그 시간이 나에게 영감과 위안을 준다는 것을 알았다. 아기를 안고 있는 젊은 주부와 마주 앉아 그녀가 사는 이야기에 귀를 기울이고 식품저장실에서 음식을 꺼내 그녀의 차 트렁크에 실어주고 돌아오면 힘이 불끈 솟는 것을 느낀다. 물론 우리가 하는 봉사로 궁핍의 문제가 근본적으로 해결될 수 없다는 것을 안다. 그러나 앞으로 몇 주 동안 아기 엄마의 집 찬장에 음식이 가득 차 있을 거라고 생각하면 내가 갖고 있는 걱정도 함께 사라진다.

엘리야가 여인에게 말했습니다.
"걱정하지 마시오. 집으로 가서 당신이 말한 대로 음식을 준비하시오.
그러나 먼저 조그마한 빵을 만들어 나에게 가져오시오.
그리고 나서 당신과 당신 아들을 위해 먹을 것을 만드시오."
열왕기상 17:13

어둠 속의 기도

며칠 전 은행에서 우편물을 받았는데 아이가 쓴 글처럼 보이는 깜찍한 편지가 동봉되어 있었다. 폭풍우가 지나가기를 기다리는 아이가 비와 우산에 대해서 이야기하는 글인데 요점은 사람들에게 겁내지 말라는 내용이었다.

세상에는 끊임없이 불행한 일들이 일어난다. 때로는 비관적이고 회의적이 되는 것만이 유일한 선택인 것처럼 느껴지기도 한다. 그럴수록 우리에게는 절망과 맞서 싸우는 희망이 필요하다. 절망은 우리를 천천히 죽어가게 만든다. 우리는 절망이 아닌 희망을 선택할 수 있다. 그리고 희망을 선택한다는 것은 세상에서 전쟁이 사라질 때까지, 불치병에 걸린 아이를 살릴 치료법이 발견될 때까지, 정의가 바로 설 때까지, 각자 지금 있는 자리에서 주어진 임무에 충실한 삶을 사는 것이다.

먼저, 모든 사람을 위해 간구하며 기도하십시오.
다른 사람을 위해 중보기도하는 것을 잊지 말고,
감사하는 마음을 가지십시오.
디모데전서 2:1

콜리플라워 커리 무침

우리 가족이 주말 저녁에 종종 만들어 먹는 음식이다. 손쉽게 만들 수 있는 풍미 가득한 건강식이다.

콜리플라워 1개
올리브기름 1/4 컵
카레 가루 3 t
커민 3 t
고춧가루 1 t
소금과 후추 약간
아몬드 슬라이스 한 줌
고수 약간

1 콜리플라워를 한 입 크기로 썰어서 올리
  브기름으로 무친다. 카레 가루, 커민, 고
  춧가루, 소금, 후추를 콜리플라워에 뿌리
  고 잘 버무린다.

2 200도로 예열한 오븐에서 20분 정도,
  가장자리가 갈색이 될 때까지 굽는다.

3 오븐에서 꺼내 아몬드와 고수를 얹어서
  식탁에 올린다.

거절 못하는 병

"나는 할 수 있다"라는 병에 걸린 것처럼 느껴질 때가 있다. "손님 초대는 우리 집에서 하면 돼요." "음식은 제가 준비할게요." "맡겨만 주세요, 잘해볼게요." "걱정하지 마세요. 제가 대신 해볼게요."

그러고는 동분서주하고 쩔쩔매면서 왜 거절을 하지 못했는지 뒤늦게 후회를 한다. 내가 거절을 하지 못하는 이유는 아마 무능하게 보이고 싶지 않은 마음이 작용하는 것일지도 모른다. 나는 유능하고 남을 도와주고 엄살 부리지 않는, 그런 사람으로 보이고 싶어 하는 것이다. 내가 원하는 삶이 어떤 것인지 말하기는 어렵지 않다. 그러나 내가 원하는 삶을 살기 위해 무엇을 포기할 것인지 결정하는 것은 쉽지 않다. 내 옆구리에 붙은 군살을 빼는 것만큼이나 어려운 일이다. 하지만 뭐든지 잘할 수 있는 존재는 오직 하느님뿐이다. 많은 일을 하기보다는 내가 할 수 있는 일에 좀 더 집중할 필요가 있다.

그렇게 일하는 건 좋지 않네. 이 일은 자네에게 너무 힘겨워.
자네 혼자서는 그걸 해낼 수 없네.
출애굽기 18:17~18

어느 한 순간도 버릴 게 없다

오늘 오랫동안 소식을 듣지 못했던 친구를 만났다. 그녀는 그 동안 이혼이라는 힘든 일을 겪었다고 털어놓았다. 하지만 그녀는 앞으로의 삶에 대해 걱정하지 않았다. 나는 씩씩하고 움츠러들지 않는 그녀의 모습에서 혼란스러운 세상을 살아가고 있는 우리 모두가 배워야 하는 바람직한 삶의 자세를 보았다. 그녀는 미래를 두려워하기보다 현재에 충실한 삶을 살고 있었다. 그녀는 자신의 아이들이 얼마나 개구지고 사랑스러운지 이야기했고 나에게 어떻게 지내는지 물었다. 인사치레로 물은 것이 아니라 진심으로 궁금해했다. 시카고의 따스한 봄날, 우리는 커피 한 잔을 앞에 놓고 고단한 삶에 대해 이야기했지만 기울어가는 석양빛 속에서 행복하다고 느꼈다. 우리 삶에서 버려도 되는 순간은 없다. 평온할 때나, 힘들 때나, 지루할 때나, 뭔가를 기다릴 때나 그 모든 순간을 언젠가 아름다운 경험으로 기억할 수 있도록 만들어야 한다.

71

나는 내가 가진 것에 만족하고
어떠한 환경에서도 감사하는 법을 배웠습니다.
빌립보서 4:12

친구 진저가 며칠 전 딸아이를 데리고 놀러왔다. 우리는 아이들이 먹을 간단한 점심 식사를 준비했다. 나는 채소 반찬을 만들기 위해 냉장고를 뒤졌다.

진저가 말했다. "완두콩 같은 거 있니? 아니면 작은 미니당근이라도." 그리고 무심코 덧붙여 말했다. "근데 말이야, 우리 아이는 사실 그런 것을 줘도 먹지 않을 거야. 억지로 먹이려고 하면 즐거워야 하는 식사시간을 망치니까 나는 끼니마다 아이에게 채소를 먹이려고 하지 않아."

나는 그 말을 기다렸다는 듯이 맞장구를 쳤다. "나도 그래! 나도 그래! 대신 저녁에는 아이들이 먹을만한 채소 반찬을 꼭 준비하지."

그순간 우리는 마음 속 깊이 숨겨둔 비밀을 고백한 느낌이 들었다. 우리는 적어도 제대로 된 엄마라면 아이에게 항상 채소를 먹여야 한다고 믿었고 그렇지 못한 자신을 부끄러워하고 있었다. 우리는 솔직하게 인정하고 조언을 구하면 훨씬 더 행복한 엄마가 될 수 있다는 것을 알았다.

72

무엇을 먹을까, 무엇을 마실까, 걱정하지 마라.
무엇을 입을까 걱정하지 마라.
마태복음 6:25

여름이 되면 우리 가족은 호숫가에 있는 오두막에 간다. 그 곳에서 나는 아침부터 저녁까지 수영복 차림으로 지낸다. 나로서는 많은 사람들 앞에 내 몸을 드러내려면 처음에 마음의 준비가 필요하다. '사실 사람들은 생각하는 만큼 다른 사람에게 신경을 쓰지 않아. 내가 멋진 슈퍼모델처럼 보이기를 기대하는 사람은 아무도 없어.' 나 자신에게 이렇게 말하고 용기를 내서 밖으로 나간다. 그리고 부드럽고 따뜻한 모래사장을 걸어가서 보트에 올라 시원한 물속으로 풍덩 뛰어든다. 작은 아이는 튜브를 타고 물 위에서 떠다니며 발길질을 하고, 큰 아이는 내 앞을 왔다갔다 하며 개구리 수영을 한다. 신나게 노는 아이들을 안전하게 지켜주는 것보다 중요한 일은 없다. 그럴 때마다 마음껏 달리고 춤추고 헤엄칠 수 있는 몸을 주신 하느님께 감사한다.

　우리에게 주어진 삶을 즐기는 것을 방해하는 수치심은 그 무엇도 세상과 나 사이에 끼어들지 못하도록 하자.

73

그리스도께서 우리를 해방시켜주신 것은 자유를 위해서였습니다.
굳건하게 서서 다시는 노예의 멍에를 짊어지지 마십시오.
갈라디아서 5:1

바쁘게 사는 이유

내가 바쁘게 움직이는 것은 물론 불가피한 일들도 있지만 한 가지 이유는 두려움과 책임을 똑바로 직시하지 않으려는 것이다. 내가 쓰는 글이 독자들에게 공감을 줄 수 있을까? 내가 제대로 살고 있는 것인가? 사랑하는 사람들에게 최선을 다하고 있는가? 이런 질문에 솔직하게 답하기를 회피하려는 것도 있다. 그래서 바쁘다는 핑계를 대는 것이다. '이렇게 할 일이 많은데 어떻게 완벽한 책을 쓸 수 있겠어? 코앞에 할 일이 널려 있는데 나가서 운동할 시간이 어디 있어?' '나 자신도 보살필 시간이 없는데 누구를 걱정하겠어?' 바쁘다는 것이 나를 무감각하게 만들고 안전하게 지켜주는 방어수단인 셈이다. 하지만 사실 무감각하고 안전하게 사는 것은 내가 원하는 삶이 아니다. 우리는 아무것도 숨기지 않고, 변명하지 않을 때 비로소 발전할 수 있다.

마르타는 온갖 시중드는 일로 분주하였다.
누가복음 10:40

험담

험담이 즐거운 이유는 누군가 가려운 곳을 긁어주는 것처럼 시원한 기분이 들기 때문이다. 하지만 긁은 자리에는 반드시 상처가 남기 마련이다. 누군가에 대해서 부정적으로 이야기하면 그 사람에 대해서 점점 부정적으로 생각하게 된다. 험담을 주고받으면 다른 사람들이 모르는 것을 우리끼리만 알고 있다는 생각에 서로 더 가까워진 기분을 느끼기도 한다. 그래서 은밀한 동맹 관계가 형성된다. 하지만 그렇게 형성된 관계는 잠시뿐이고 시간이 지나면서 결국은 아무도 믿지 못하게 된다. 진실이거나 아니거나 험담은 결국 신뢰 관계를 파괴하는 결과를 가져온다.

누가 뭐라 하건 일일이 알려고 하지 마라.
그러다가 내 하인이 너를 욕하는 것까지 듣게 된다.
너 또한 남을 욕한 적이 있지 않으냐?
전도서 7:21~22

짝이 있거나 없거나

어느새 결혼보다는 이혼 소식을 더 많이 듣는 나이가 되었다. 내가 제일 좋아하는 사람들 중 몇몇은 독신으로 살고 있다. 아직 연분이 닿지 않았거나 이혼을 했기 때문이다. 우리 문화는 유난히 짝을 찾아야 한다는 생각에 사로잡혀 있다. 결혼을 해야 어른답게 사는 것으로 생각한다.

나는 지금의 남편과 결혼해서 사는 것을 감사하게 생각한다. 하지만 혼자 사는 삶이 반쪽 밖에 안 된다고 생각하는 사람을 보면 마음이 아프다. 그런 생각은 정말 터무니없다. 분명한 것은 결혼 여부가 사람과 인생을 판단하는 기준은 아니라는 것이다. 우리의 가치는 웨딩드레스와 결혼반지에 의해 정해지는 것은 아니다. 짝이 옆에 있거나 없거나 우리의 삶은 똑같이 소중하다.

우리가 하느님의 자녀라 불린다는 사실을 생각해 보십시오.
우리는 바로 그런 존재입니다!
요한1서 3: 1

만족

만일 위의 성결 구절에 공감한다면 당신은 삶에 만족하고 있는 것이다. 하지만 '나에게 주어진 것이 이게 다라고? 절대 인정할 수 없어!'라고 말한다면 세상이 돌아가는 이치에 대해 하느님보다 자신이 더 잘 알고 있다고 생각하는 것이다. 그러면 모든 것이 못마땅하고 불행하게 느낄 수밖에 없다. 우리 자신을 다른 사람과 비교하는 것은 스스로 패배자가 되는 것이다. 우리는 세상에서 유일무이한 특별한 존재로 누구와도 비교하지 말고 어깨를 활짝 펴고 당당하게 살아갈 자격이 있다. 우리가 사는 세상이 하느님의 뜻에 따라 이루어지도록 기도하자.

주님은 저의 몫을 안전하게 지켜주십니다.
제가 받은 땅은 매우 좋은 곳입니다.
저는 정말 흡족한 유산을 물려받았습니다.
시편 16:5~6

파스타 샐러드

친구들과 종종 '라비니아'라는 이름의 아름다운 야외 콘서트장에 가는데 주 목적은 콘서트보다 피크닉이다. 린넨 테이블보를 깔고 작은 물병에 한 송이를 꽂아놓고 이 파스타 샐러드를 먹으면 집에서 먹을 때와 다른 차원의 맛이 느껴진다.

말린 토마토 2컵, 물에 불려서 썬 것

올리브유 3T

마늘 3쪽 얇게 저민다

소금과 후추 약간

파스타 450그램

닭고기 2컵, 익혀서 잘게 찢은 것

신선한 시금치 4컵

아지아고 치즈 3 /4컵

파마산 치즈 1 /2컵

잣 1컵

1 토마토, 올리브유, 마늘, 소금, 후추를 섞
   는다.

2 파스타를 삶아서 닭고기, 시금치, 치즈와
   버무리고 토마토와 올리브유 혼합물을
   끼얹는다. 위에 잣을 뿌린다.

3 차게 또는 따뜻하게 덥혀서 먹을 수 있
   다.

소명

가끔 수많은 가느다란 가닥들이 모여서 지금의 내가 되었다는 생각을 한다. 특히 글을 쓰면서 그런 느낌이 들 때가 있다. 그럴 때는 마치 내가 이 세상에 태어나서 해야 하는 일을 하고 있는 것처럼 글이 술술 써진다. 아주 드물게 일어나는 일이라 그런 순간은 울음이 터질 정도로 반갑다. 그 느낌은 내 생각을 일깨우고 내 눈을 뜨게 한다. 글 쓰는 일이 힘들기는 하지만 그럴 때는 나에게 주어진 소명을 다하고 있다는 느낌, 우주에 당당하게 집세를 내고 있는 것 같은 느낌이 든다. 하느님은 우리 각자가 주어진 재능을 사용하게 하는 목적과 계획을 갖고 계신다. 그 뜻에 따라 당신이 하기로 되어 있는 것을 하고 있다고 느낀 적이 있는가? 그것이 당신이 앞으로 해야 할 일이다.

하느님은 우리가 좋은 일을 할 수 있도록 미리 준비하셨습니다.
에베소서 2:10

제자리로 돌아오다

젊은 시절 내가 알고 있는 전통과 사상과 관습에서 벗어나 새로운 삶의 방식을 찾기 위한 여행을 떠난 적이 있다. 익숙한 환경에서 멀리 벗어나 또 다른 세계를 탐험하고 싶었다. 하지만 길을 가다 보니 내가 다시 출발점으로 돌아가고 있다는 것을 깨달았다.

  나는 믿음이 깊은 사람들 곁에서 성장할 수 있었던 것을 감사하게 생각한다. 무엇보다 그들이 내가 원하는 여행을 할 수 있도록 자유를 허락하고 기다려주고 다시 받아준 것에 대해 감사한다. 그들의 사랑과 용서와 지도가 있었기에 나는 다시 제자리로 돌아올 수 있었다. 제자리로 돌아왔다고 해서 허송세월을 보낸 것이 아니다. 나는 방황을 끝내고 나서 전보다 더 성숙해지고 행복해졌다. 믿음의 여행은 누가 대신해줄 수 없다. 같은 종교를 믿는 사람들이 서로에게 줄 수 있는 가장 큰 선물은 자유로운 영혼의 방황 여행일 것이다.

그분은 높은 곳에서 손을 내밀어 나를 잡아 주시고,
깊은 물에서 나를 건져 주셨다.
시편 18:16

글이 써지지 않고 벽에 부딪칠 때 인터넷에서 내 이름을 검색하거나 블로그에 올라오는 댓글을 시시각각 체크하는 것은 절대 도움이 되지 않는다. 아마존에 올라온 서평 가운데 열에 아홉이 호의적이라고 해도, 격찬하기에는 조금 부족하다는 한마디 말이 비수처럼 와서 가슴에 꽂히고 만다. 우울하고 스스로 하찮게 여겨질 때는 SNS를 보지 않는 것이 좋다. 그럴 때는 행복하고 날씬한 사람들이 보란듯이 자랑하는 이야기만 눈에 들어온다. "하와이에서 한 달 동안 푹 쉬면서 충전을 하고 오니 뭐든지 잘할 수 있을 것 같아요", "오늘 천장부터 바닥까지 깨끗이 청소를 했더니 집안이 반짝반짝하네요", "이 많은 트로피와 상장을 보세요. 평론가들은 저를 대단하게 생각하는 것 같은데 저도 다른 사람들처럼 평범한 일상을 보낸답니다."

이 세상에는 유능하고 행복한 사람들만 사는 것이 아니다. 그리고 그들도 다른 사람들에게 드러내서 보여주고 싶지 않은 고민을 갖고 있다.

질투는 뼈를 썩게 한다.
잠언 14: 30

나만이 할 수 있는 이야기

⋮

나는 그동안 훌륭하고 똑똑한 목사와 설교자와 지도자들의 이야기를 들어왔다. 나처럼 할 줄 아는 것이 별로 없는 여자는 뒷줄에 조용히 앉아서 박식하고 현명한 사람들의 이야기를 들어야 한다고 생각했다.

하지만 그들이 이야기할 수 없는 한 가지가 있다. 그들은 나의 이야기를 할 수 없다. 나의 이야기는 오직 나만이 할 수 있다. 당신의 이야기는 오직 당신만이 할 수 있다. 당신의 목소리, 당신의 이야기는 오직 당신만이 들려줄 수 있다. 용기를 내서 당신의 이야기를 해보자. 그 이야기를 글로 쓰고 그림으로 그리고 음악으로 만들어보자.

당신께서 나를 죽음에서 구해 주시고,
내 눈에서 눈물을 거두어 주시고,
내 발을 비틀거림으로부터 구해주셨으니,
나는 산 자들의 땅에서 주님 앞에서 걸을 것입니다.
시편 116: 8-9

우리 집 보물

많은 가정에서 그렇듯이 우리 집 아침 시간은 바쁘고 시끄럽고 어수선하다. 아기 기저귀를 갈아주고 큰 아이 가방을 챙기고 커피를 끓이고 하면서 이리 뛰고 저리 뛰고 한다. 그러다 보니 어느새 짜증을 잘 내는 고약한 엄마가 되었다. 야단을 치고 재촉하고 잔소리를 한다. 화가 나면 식탁 위에 그릇을 쿵 하고 내려놓아서 모두를 깜짝 놀라게 한다.

그러다가 어느 날 작은 아이 맥이 점점 나를 닮아가고 있는 것을 알았다. 맥이 나처럼 소리를 지르는 것을 보고 나는 정신이 번쩍 들었다. 아침은 사랑하는 가족이 즐거운 마음으로 집을 나서고 하루를 활기차게 보낼 수 있도록 준비를 시키는 아주 중요한 시간이다. 그래서 아침에 일어나면 제일 먼저 기도를 하기로 했다. 단지 30초만이라도 기도를 해보자. "하느님, 이 아이들은 하느님이 제게 주신 보물임을 잘 알고 있습니다. 제가 우리 아이들을 잘 보살피고 언제나 모범을 보일 수 있도록 도와주세요."

나는 주님의 힘을 노래하고,
아침이면 주님의 사랑을 노래하겠습니다.
시편 59:16

우리가 매일 마주하는 세상은 사랑과 함께 증오와 슬픔으로 가득 차 있다. 매일 세계 도처에서 일어나는 불행한 소식이 들려온다. 그럼에도 우리가 춤을 추고 삶을 즐기는 것은 어떤 면에서 그런 세상에 대한 저항이다. 사실 그럴수록 우리는 행복을 뒤로 미루지 말아야 한다. 우리는 하느님에게 삶이라는 신물을 받았다. 우리가 해야 하는 일은 매일이 특별한 날인 것처럼 사는 것이다.

세상이 두렵다고 집에서 이불을 뒤집어 쓰고 있을 수는 없다. 일어나서 춤을 추고 마음껏 웃자. 화요일에는 아끼는 신발을 신고 나가자. 그러면 평범한 날이 좀 더 특별해진다. 어떤 사람들에게는 죽음이 너무 일찍 찾아와서 문을 두드린다. 하지만 나는 마지막 날까지 기쁨을 선택할 것이다. 죽음이 찾아와서 문을 두드리는 날까지 마음을 활짝 열고 마음껏 삶을 즐길 것이다.

주님 안에서 늘 기뻐하십시오. 거듭 말합니다. 기뻐하십시오.
빌립보서 4:4

나에게 너그러워지기

나는 평생 통통한 몸을 갖고 살았다. 어릴 때부터 복스러운 뺨과 동글동글한 몸매로 사람들의 귀여움을 받았다, 하지만 십대가 되면서 그런 내 몸에 불만을 느끼기 시작했다. 나는 종종 바지를 바닥에 내던지고는 마치 적이라도 되는 것처럼 노려보곤 했다. 아줌마가 된 지금도 여전하다.

하지만 알고 보면 나를 가장 무겁게 짓누르는 건 저울의 숫자가 아니라 그 모든 세월 동안 지고 다녔던 부끄러움의 무게다. 이제 나는 거울에 비친 내 모습을 볼 때마다 불완전한 나 자신을 받아들이는 법을 배운다. 내 몸은 관대한 마음을 배울 기회를 제공한다. 세상에는 우리 힘으로는 극복할 수 없는 문제들이 있다. 마치 길 잃은 강아지처럼 우리를 따라다니는 문제들은 그냥 친구처럼 익숙하게 느끼고 받아들일 필요가 있다.

완전히 겸손하고 온화해야 합니다.
사랑으로 서로를 받아들이면서, 인내하십시오.
에베소서 4: 2

우리 아이들이 나에게 바라는 것은 많지 않다. 우리 아이들은 내가 어떤 글을 쓰는지, 살림을 얼마나 잘하는지, 사회적으로 얼마나 성공한 사람인지는 전혀 관심이 없다. 아이들이 나에게 바라는 것은 단지 옆에 있어 주는 것이다. 그리고 함께 있을 시간에 다른 곳에 한눈을 팔거나 머릿속으로 딴 생각을 하지 않는 것이다.

사실 한 번에 여러 가지 일을 하는 것보다 한 가지에 집중하는 것이 더 어렵다. 지금 당장 내 삶에서 가장 가치 있는 것은 무엇인가? 지금 내가 해야 하는 가장 중요한 역할이나 일은 무엇인가? 그런 일을 할 때는 한 가지에 집중을 해야 한다. 아이들을 돌보는 일도 그런 집중을 요구하는 일이다. 덕분에 아이들과 함께 놀면서 주어진 일에 집중하고 지금 이 순간에 오롯이 존재하는 연습을 할 수 있다.

87

해야 하는 일은 무엇이든 정성을 다하라.
전도서 9:10

매콤한 땅콩 국수

우리 집 냉장고에는 스리라차 소스를 넣은 땅콩 소스가 항상 준비되어 있다. 면을 삶아서 이 소스를 넣고 버무리기만 하면 된다. 당근, 양배추, 오이, 빨간 피망을 썰어서 이 땅콩 소스로 버무리면 샐러드가 되고 구워서 잘게 찢은 닭고기까지 넣으면 건강한 한 끼 식사가 된다.

쌀국수 400그램
크런치 땅콩버터 1컵
스리라차 소스 1 T
라임 1개 즙낸다
간장 1 t
갈색 설탕 1 t
뜨거운 물 1 / 2 컵
땅콩 1 /2컵 잘게 부순 것
검은 깨 3 T
고수 1 /2 컵 잘게 썬 것
쪽파 4 줄기 잘게 썬다

1   땅콩버터, 스리라차, 라임즙, 간장, 갈색
    설탕을 섞는다. 여기에 뜨거운 물을 넣어
    서 간을 맞추어 소스를 만든다.

2   쌀국수를 삶아서 소스를 넣고 버무린다.
    부순 땅콩, 검정깨, 고수, 쪽파를 위에 얹
    는다.

3   바로 먹거나 냉장고에서 식혔다가 시원
    하게 먹어도 좋다.

사랑은 칭찬이 필요하지 않아

어떤 일을 맡아서 무사히 끝내면 누군가에게서 칭찬이나 감사의 말을 듣게 된다. "잘 했어요." "고마워요." "정말 큰 도움이 됐어요." 이런 말을 들으면 뿌듯하다.

하지만 어떤 일은 칭찬이나 감사가 필요하지 않다. 우리 아이는 기저귀를 갈아주는 엄마에게 칭찬을 해주지 않는다. '고마워요 엄마. 아주 시원해요.' 라는 감사의 말을 들을 수 없다. 밤에 깨서 우는 아이를 품에 안고 다시 재워주어도 '엄마는 나를 달래고 흔들어 재우는 기술이 아주 뛰어나요. 엄마는 천재예요.' 라는 찬사는 들을 수 없다.

우리가 정말 사랑해서 하는 일은 칭찬이나 감사가 필요하지 않은 법이다. 누군가의 칭찬을 듣지 않아도, 심지어는 주변 사람들의 반대에도 불구하고 반드시 하고자 하는 일, 그 일을 할 때 진정으로 행복해질 수 있다.

그들은 사람에게 칭찬 받는 것을
하느님께 칭찬 받는 것보다 더 좋아했다.
요한복음 12:43

속마음을 드러내는 것은 누구에게나 쉽지 않은 일이다. 내가 사랑하는 남동생은 요즘 오토바이에 미쳐 있다. 그의 성격상 억만금을 준다고 해도 처음 만나는 사람과 사생활을 이야기하는 일은 절대 없을 것이다. 하지만 오토바이 가게 안에서는 다른 남자들과 나란히 서서 이런저런 속마음을 드러낸다.

그래서 나는 사람들이 스스럼없이 이야기를 꺼낼 수 있게 하는 법을 배우는 중이다. 마치 아무 관심도 없는 척 딴청을 부리며 소파 뒤에 고양이가 나오기를 기다리는 것처럼 말이다. 우리 작은 그룹이 모이는 곳에서 누군가 하고 싶은 말을 못하고 주저하는 기색이 보이면 나는 얼른 자리에서 일어나 부엌을 돌아다닌다. 찬장 문을 열고 닫으며 차를 끓이고 케이크를 자른다. 그렇게 하면 어색한 침묵이 깨지면서 자연스럽게 이야기를 시작하게 된다.

당사자가 아니고서야 누가 그 사람의 생각을 알 수 있겠습니까?

고린도전서 2: 11

기타 연주자의 생일

우리 친구들은 생일파티 여는 것을 좋아한다. 우리는 생일을 맞은 친구를 위해 파티를 준비하지만 사실 그 시간은 우리 모두에게 특별한 선물이 된다. 우리는 무엇보다 식사를 마친 후에 한 사람씩 돌아가면서 생일을 맞은 주인공이 지난 한 해 동안 자신에게 어떤 도움을 주었는지 이야기하는 시간을 좋아한다.

남편이 속한 밴드에서 베이스를 연주하는 네이든은 수줍은 성격이어서 사람들의 주목을 받는 것을 어색해한다. 얼마 전 그의 생일 파티에서 우리가 그에게서 어떤 도움을 받았는지 이야기하기 시작하자 그는 무척이나 쑥스러워했다. 하지만 우리는 늘 하던 대로 그에게 감사하는 마음을 전했다. 사랑하는 사람에게 그의 존재가 우리의 삶을 얼마나 풍요롭게 하는지 말해줄 수 있는 기회는 많지 않다. 네이든은 처음에 다소 어색하고 불편해 보였지만 시간이 지나면서 마음을 열고 친구들과 편안하게 어울렸다.

하늘 아래 모든 것에는 때가 있고
모든 활동에는 적절한 시기가 있다.
침묵할 때가 있고 말할 때가 있다.
전도서 3:1, 7

음식 대접은 사랑이다

손님을 대접하는 것은 순수한 마음에서 우러나서 하는 것이며 뭔가를 보여주고 자랑하려는 것이 아니다. 음식이 완벽하게 준비되지 않아도 괜찮다. 손님들은 음식 준비를 도와주는 것은 마다하지 않지만 집주인이 바쁘게 움직이는 동안 거실에서 멀뚱멀뚱 기다리는 것은 좋아하지 않는다. 음식이 맛이 없거나 집안이 어질러져 있어도 주인의 진심 어린 환대를 받는다면 손님들은 잘 왔다고 생각할 것이다. 음식이 나무랄 데 없이 훌륭하고 냅킨이 멋지게 접혀져 있어도, 주인이 다른 곳에 정신이 팔려 있는 것이 보인다면 손님은 편안하고 즐거운 시간을 보낼 수 없고, 결국 그 초대는 실패한 것이다.

마른 빵 한 조각만 있어도 화목한 것이
먹을 것을 많이 차려놓고 싸우는 집안보다 낫다.
잠언 17:1

영혼의 구원을 위한 기도

지금까지 살면서 특별히 힘들었던 때를 돌아보면 당시에 내가 그렇게 느낀 이유가 믿음이 부족했기 때문이었다는 생각이 든다. 폭풍우를 만나 거친 파도 속에서 오도 가도 못하는 지경에 빠진 것처럼 느낄 때마다 나는 마치 패스트푸드점에서 주문을 하는 것처럼 기도를 했다. 빨리 곤경에서 빠져나가게 해달라고 기도했다. 구원이 아닌 구조를 원했다. 그 이유는 무엇보다 하느님이 세상에 역사하심을 믿지 못했기 때문이다. 당장 눈에 보이는 것에 연연하면서 보다 큰 목적을 보지 못했기 때문이다.

의심과 두려움과 이기주의가 마음 속 깊이 바위처럼 깔려 있는 상태에서는 모든 변화와 미래가 불안하게 느껴질 수밖에 없다. 우리는 고통과 구원에 대해 둘 다 이야기해야 한다. 당장의 시련에서 구조해달라고 기도하는 대신, 배움, 변화, 구원을 위해 기도해야 한다.

나는 하느님 집에 있는 무성한 올리브 나무와 같으니
언제까지나 하느님의 한결같은 사랑을 믿고 의지한다.
시편 52:8

불확실한 삶을 사는 법

불확실한 우리의 삶을 마법의 양탄자를 타고 나는 것처럼 생각하고 즐겨보자. 우리의 삶은 불확실하기에 흥미진진하다. 세상은 시시각각으로 변한다. 어떤 사람은 사랑에 빠지고 어떤 사람은 세상에 태어난다. 어떤 도시나 작은 마을에 사는 사람의 꿈이 이루어지고, 같은 시간에 어떤 사람의 꿈은 와르르 무너진다. 나를 행복하게 해줄 거라고 생각한 것이 실망을 안겨주기도 하고 전혀 생각하지 못했던 곳에서 평안과 희망을 발견하기도 한다.

우리는 미래를 연필로 쓸 수밖에 없다. 세상은 우리가 마음 먹은 대로 되지 않을 수 있다. 계획을 할 때는 가벼운 마음으로 '아마도' 라던지 '가능하면'이라는 말을 사용해보자. 가벼운 마음으로 미래를 계획하면 새로운 도전이 좀 더 수월하게 느껴질 수 있다.

95

인간이 마음속으로 앞날을 계획하여도
그의 발걸음을 이끄시는 분은 주님이시다.
잠언 16: 9

타이식 소고기 샐러드

나는 뜨거움과 시원함이 어우러진 음식을
사랑하는데 이 때 허브가 빠질 수 없다. 가
끔씩 점심에 이 샐러드를 닭다리 꼬치와
땅콩 국수와 함께 내놓으면 신선하고 화
려하고 향미가 풍부한 상차림이 된다.

붉은 피망 1개 채썬다

청경채 또는 양상추 3컵, 손으로 뜯는다

오이 2개

방울토마토 1컵

적양파 약간, 채썬다

소고기 치마살 230그램

루꼴라 1 /4 컵

고수 1 /4 컵

바질 1 /2 컵

* 드레싱

라임 4개로 짠 즙

참기름 1T

간장 2T

피시소스 1T

설탕 1T

할라페뇨 또는 레드칠리 1개 잘게 다진다

1 드레싱 재료를 잼 병에 넣고 잘 섞는다.

2 채소를 잘 섞은 다음 드레싱의 반을 넣고
   버무려서 큰 접시에 골고루 담는다.

3 스테이크를 구워서 얇게 저며 채소 위에
   얹는다. 남은 드레싱을 뿌리고 취향대로
   허브의 양을 조절해서 위에 올린다.

엉덩이 붙이고 앉기

큰 아이는 걸음마를 배우기 시작했을 때 저녁 식탁에서 의자 위에 올라서서 키가 커졌다고 으스대곤 했다. 밥을 먹으면서 딴 짓을 하는 것이 짜증나기도 했지만 무엇보다 위험했다. 우리는 아이를 어떻게든 앉게 하려고 선택권을 주었다. 무릎으로 앉을래, 엉덩이로 앉을래?

글쓰기는 걸음마 배우는 아이를 다루는 것과 같다. 어쨌든 엉덩이를 붙이고 앉아 있어야 한다. 그럴 때 나에게 선택권이 있는 것처럼 느끼면 도움이 된다. 우선 글을 쓰는 장소를 선택할 수 있다. 책상 앞, 창가의 갈색 의자, 부엌에 있는 소파 어디에 앉아도 된다. 글쓰기가 어려운 이유는 엉덩이를 오래 붙이고 앉아 있어야 하기 때문이다. 일단 엉덩이를 붙이고 앉아서 집중을 할 수 있다면 반은 끝났다고 할 수 있다.

모든 일은 첫 걸음을 내딛는 것이 가장 힘들다. 일단 시작하고 나면 생각보다 힘들지 않다는 것을 알게 된다.

여러분이 확고한 의지와 믿음을 갖고
있는 것을 보니 제 마음이 기쁩니다.
골로새서 2: 5

진정한 친구는 진실을 말해준다

얼마 전 친구 커스틴에게 글쓰기가 힘들다고 하소연하는 메일을 보냈다. 나는 아무래도 글쓰기에 소질이 없는 것 같다, 복잡한 일이 많아서 글을 쓸 수 있는 마음의 여유가 없다고 툴툴거렸다. 커스틴은 관대하고 상상력이 풍부한 영혼의 소유자다. 그래서 나는 그녀에게서 위로를 받을 줄 알았다. 내가 어린아이처럼 응석을 부리면 빈 말이라도 그렇게 힘들면 그만두라는 말을 해주기를 바랐다. 하지만 그녀는 단호하게 말했다. "엄살 부리지 마. 이런 말을 하는 이유는 너를 믿고 사랑하기 때문이야. 너를 있는 그대로 사랑하지만 그런 행동은 너와 어울리지 않아. 너는 더 잘할 수 있어. 하느님은 너를 겁쟁이로 만들지 않았어."

우정은 어리석은 일을 공모하는 친구가 되는 것을 의미하지 않는다. 진정한 친구는 삶의 진실과 우리가 가진 문제가 무엇이 알려준다. 그리고 진실과 함께 용기를 주고 하느님의 사랑을 상기시켜준다.

친구의 책망은 신뢰할만하다.
잠언 27: 6

사랑이 만드는 변화

◦ |◦

7월의 어느 날 우리 부부의 다정한 친구인 짐과 조디가 마침내 결혼식을 올렸다. 신랑 들러리는 그의 친구들이었고 신부 들러리는 그녀의 자녀와 손주들이었다.

결혼 서약에서 짐은 조디를 만나기 전의 삶에 대해서 이야기했다. 그는 독립적인 삶을 무척 중요하게 여겼다고 한다. 일하고 여행하고 친구들과 어울려 자유분방한 삶을 살았다. 그러던 그의 앞에 조디가 나타났다. 조디는 자녀와 손자들을 돌보는 일에 전념하며 살던 가정적인 여성이었다. 짐은 그녀를 만난 후 한 여자의 동반자로, 아버지이며 할아버지로 변신했다. 그리고 그런 변화에 대해 어느 누구보다도 자기자신이 놀라워했다.

젊은 신랑신부를 보면 나무에 이제 막 새순이 돋아나는 것처럼 보인다. 반면에 짐과 조디는 잎이 풍성한 나무 두 그루가 주변 사람들이 쉴 수 있는 시원한 그늘을 드리우고 것처럼 보였다.

의인은 야자나무처럼 번성하고,
레바논의 참죽나무처럼 자랄 것이다.
늙어서도 열매 맺으며 싱싱하고 푸르게 남을 것이다.
시편 92:12~14

재혼

젊은 신부와 신랑, 그리고 그들의 신혼집과 찬장에 놓인 그릇들은 하나같이 반짝반짝 빛난다. 다른 한편, 두 사람이 서로 다른 길을 돌아와서 다시 짝을 찾은 나이 든 부부에게서는 젊은 부부가 갖고 있지 못한 성숙함을 볼 수 있다. 초혼인 부부는 사랑으로 어떤 시련도 극복할 수 있다는 열정이 있다면, 재혼 부부는 문제가 생겼을 때 어떻게 해야 하는지를 아는 지혜가 있다.

우리 부부의 친구인 짐과 조디는 저녁 노을이 지는 시간에 결혼식을 올렸다. 그들의 결혼식은 왠지 모르게 성스럽고 숭고한 분위기가 느껴졌다. 그들은 영원히 닫아버린 줄 알았던 마음의 문을 열었고 다시 한 번 진실한 사랑을 찾아가는 여행을 떠나기로 했다. 항구에 정박한 요트의 마스트 등이 아래위로 흔들거렸고 우리 모두 춤을 추고 샴페인으로 축배를 들며 아름다운 저녁 정취에 흠뻑 빠져들었다.

주께서 욥의 말년에 이전보다 더 많은 복을 내려주셨다.
욥기 42: 12

정성껏 저어가며 오래 끓이기

우리 집 편지함에는 종종 더 이상 글을 쓸 수 없는 작가, 더 이상 그림을 그릴 수 없는 화가, 작곡을 할 수 없는 음악가가 보낸 편지가 들어 있다. 그들은 나에게 다시 한 번 창의성을 발휘할 수 있는 비밀 같은 것을 알려주기를 원한다.

하지만 그들에게 내가 해줄 수 있는 말은 신통치 않다. 결국 나도 그런 비결을 알고 싶다는 것이다. 다만 내가 항상 마지막에 덧붙이는 말이 있다. "어떤 작품을 완성했을 때의 느낌, 그 느낌을 생각하면서 작업을 하세요. 위대한 일들이 그렇듯이 예술은 그렇게 즉각적인 보상을 해주지 않습니다. 정말 중요한 보상은 눈에 보이지 않으며 훨씬 늦게 옵니다."

어제 친구 메리딧이 집으로 찾아왔고 우리는 함께 미트소스를 만들었다. 재료를 썰고, 휘젓고, 맛보고, 간을 맞추고 한참을 끓였다. 맛있는 소스를 만들기 위해서는 시간과 정성을 들여야 한다. 그러면 후딱 만들어 낸 소스와는 비교가 되지 않는 깊은 맛을 느낄 수 있다. 시간, 노력, 인내의 대가는 틀림없이 그 결과가 말해준다.

우리는 참고 견딘 사람들을 복되다고 생각합니다.
야고보서 5:11

낙엽 치우기

잘못을 저지르고 전혀 반성하지 않는 사람을 용서해야 할까? 우리가 용서를 해야 하는 이유는 마음의 평정을 되찾기 위해서다. 가슴에 맺힌 응어리를 풀기 위해서다. 우리 자신의 건강한 몸과 마음을 되찾기 위해서다.

　나를 매우 화나게 했던 친구를 용서하고 나서 내가 깨달은 것은 그녀를 그 이후로도 계속 용서해야 한다는 것이었다. 그녀는 자신이 잘못한 것을 반성하지 않고 전에 하던 대로 계속했기 때문이다. 마치 가을에 마당을 쓸고 나서 돌아보면 다시 낙엽이 떨어져 있는 것처럼 말이다. 그래도 오다가다 만나야 하는 사람이라면 그 사람을 용서해야 한다. 언젠가는 낙엽을 치우는 일이 그다지 힘들게 느껴지지 않을 것이다.

해를 입었다고 보복하지 말며,
욕을 먹었다고 그를 욕하지 마십시오.
오히려 그를 축복해 주십시오.
여러분은 축복받는 인생을 누리도록 부르심을 받았기 때문입니다.
베드로전서 3:9

시련이 주는 기회

우리는 모험을 원하기도 하지만 궁극적으로는 편안하고 걱정 없는 삶을 살고 싶어 한다. 하지만 누구도 항상 편안한 삶을 살 수 없다. 그렇다면 적어도 가슴 아픈 고통을 통해 성장할 수 있는 사람이 되어야 하지 않을까?

시련은 우리에게 선택을 제시한다. 절망에 빠져 있을 때는 아무런 선택권이 없는 것 같지만 그 순간에도 기회는 있다. 그 고통을 통해 성장할 것인지 아니면 포기할 것인지를 선택할 수 있다. 어느 쪽을 택하건, 우리는 절대로 그 전과 같지 않을 것이다. 전자를 선택한다면 우리 자신을 근본적으로 변화시킬 수 있는 기회가 있다. 내가 아는 어떤 사람은 힘들다고 느낄 때마다 십 년도 더 지난 과거의 일을 떠올리며 신세한탄을 하고 자신이 처한 상황을 정당화하는 변명으로 사용한다. 우리는 그보다 잘할 수 있다. 현실을 직시하고 성장하는 기회를 선택하자. 언제라도 마음만 먹으면 그렇게 할 수 있다.

우리는 고난 가운데서도 기뻐합니다. 고난은 인내를 낳고,
인내는 기개를 낳고, 기개는 희망을 낳는다는 것을 알기 때문입니다.
로마서 5: 3~5

반복되는 시련은 하느님의 꾸짖음

하느님은 누구에게나 같은 방식으로 말씀을 하시는 것이 아니라 각각의 사람에게 같은 방식으로 몇 번이고 되풀이해서 말씀하신다. 처음에는 속삭이면서 말씀하시지만 우리가 듣지 않는다고 생각하면 점점 더 크게 야단을 치신다. 우리에게 같은 시련이 반복되는 것은 실수에서 배우지 못하기 때문이다. 시련으로부터 배운다면 똑같은 실수를 되풀이하지 않을 수 있다.

　하느님은 언제나 우리의 새로운 출발을 기다리고 계신다. 오늘, 고통스러운 삶이 남긴 잔해 위에 서 있는 당신에게 하느님은 어떤 이야기를 속삭이고 계실지 생각해보자.

보라, 내가 이제 새로운 일을 시작하겠다.
이미 그 일이 나타나고 있는데 너희는 알지 못하느냐?
나는 광야에 길을 내고 사막에 강을 내고 있다.

이사야서 43:19

사라의 라자냐

라자냐는 사람들마다 취향에 맞게 요리한다. 나는 이 레시피를 친구 사라에게 배웠다고 생각하고 사라는 나에게서 배웠다고 생각한다. 여럿이 간편하게 나누어 먹을 수 있으면서 든든한 한 끼 식사가 된다.

수제 소시지 900그램

양파 1 개 채썬다

빨강 피망 2 개 채썬다

토마토 4~5개 깍둑썰기한다

토마토 페이스트 1 캔 (170그램)

마늘 6 쪽 다진다

오레가노 2 t

바질 1 t

라자냐 국수 450그램

어린 시금치 280그램

리코타 치즈 230그램

모짜렐라 치즈 슬라이스 230그램

파마산 치즈 슬라이스 230그램

1 소시지를 갈색이 나게 굽고 기름을 버린 후 양파를 넣고 부드럽게 될 때까지 볶는다. 소시지, 양파, 피망, 토마토, 토마토 페이스트, 마늘, 오레가노, 바질을 모두 함께 섞어서 중간 약불에서 볶는다.

2 13x9인치 팬에 얇게 소스를 간다. 그 위에 라자냐 국수 3개를 얹고 시금치 반과 치즈(리코타 반, 파마산과 모짜렐라는 각각 1/3 씩)로 한 층을 만들고 소스로 덮어준다. 그런 식으로 두 층을 더 쌓고 마지막으로 남은 파마산과 모짜렐라를 덮는다.

3 190도 오븐에서 40~50분 동안 굽는다.

전화위복

내가 직장을 그만두고 좌절과 혼란의 소용돌이 속에 있던 시기에 사람들은 내게 그 일이 전화위복이 되고 나중에는 차라리 감사하게 될 거라고 말했다. 당시에 그런 말은 나에게 아무런 위로도 되지 않았다. 한 쪽 문이 닫히면 다른 쪽 문이 열린다는 말도 듣기 싫었다. 진부한 인사치레로 들려서 소름이 돋았다. 언젠가는 상처가 아물겠지만 그 일로 감사하는 일은 절대 없을 거라고 생각했다.

그러고 나서 몇 달 뒤 아름다운 해변에 사는 친구 집에 초대를 받았고, 그 집에서 며칠 머무르며 주변을 산책했다. 그리고 놀랍게도 그 몇 달 동안 나에게 변화가 있었다는 것을 알았다. 그 곳에서 전에 보았던 바다와 하늘에 다시 바라보며 내가 달라졌다는 것을 깨달았다. 달라졌을 뿐만 아니라 이전보다 더 행복해졌다는 것을, 행복해졌을 뿐만 아니라 감사하고 있다는 것을 알게 되었다.

무거운 짐을 지고 지친 사람은 모두 나에게 오너라.
내가 너희를 쉬게 할 것이다.
마태복음 11:28

한 바구니에 담은 달걀

교회에서 일할 때 나는 모든 열정을 쏟았다. 그러다가 어느 날 해고 통지를 받고 바구니에 정성스럽게 담았던 달걀들이 모두 깨져버린 것을 본 것처럼 망연자실했다. 그동안 사용하던 컴퓨터와 열쇠를 반납하면서 나는 정체성과 자신감과 정당성을 모두 상실한 것처럼 느꼈다. 아무짝에도 쓸모 없는 무능한 존재가 된 것 같았다.

　몇 주 후에 강연 일정이 잡혀 있었다. 해직 결정이 나기 전에 잡아 두었던 일정이었다. 어떤 직함이나 소속이 없는 내가 사람들 앞에 설 수 있는 자격이 있는지 망설여졌다. 하지만 결국 용기를 내서 연단에 섰다. 그리고 솔직하게 내가 교회에서 일하며 배운 것들을 이야기했다. 강연이 끝나고 사람들의 박수와 환호를 받으면서 나는 해고된 직장에서 보낸 시간이 헛되지 않았다는 것, 그 모든 일들이 값진 경험이 되었다는 것을 알았다. 바구니에 담은 달걀이 모두 깨진 것은 아니었다.

> 주님께서 나를 보내시어……
> 그들에게 재를 뿌리는 대신 왕관을 씌워주고,
> 슬픔 대신 향유를,
> 절망 대신 찬양의 옷을 내려주실 것이다.
> 이사야 61:1, 3

고통이 지나간 후

나쁜 일이 모두 전화위복이 되는 것은 아니다. 그러나 우리 삶에서는 종종 가슴 아픈 고통이 지나간 후에, 절망이 지나간 후에 보면 뭔가 아름다운 것이 보인다. 처음에는 그런 희망조차 보고 싶지 않을 수 있다. 차라리 고통과 암흑이 익숙하게 느껴지기 때문이다. 뒤통수를 맞고 희생당한 느낌이 끝나지 않았기 때문이다. 하지만 언젠가 저주처럼 느껴졌던 일이 그 자체로서 축복이었다는 것을, 아름답고 섬세한 축복이었다는 것을 깨닫게 되면 깜짝 놀라서 겸손한 마음이 된다.

정말 좋은 일은 쉽게 오지 않는 법이다. 우리가 애착을 갖고 있었고 없으면 안될 것처럼 생각했던 것들을 포기할 수 있을 때 또 다른 좋은 일이 찾아온다. 좋은 일은 절대 생기지 않을 거라고 생각할 때 찾아온다.

주께서는 저의 흐느낌을 춤으로 바꾸어 주셨습니다.
시편 30:11~12

따로 또 같이

우리 부부는 육아 분담을 하고 있다. 매일 저녁 내가 작은 아이에게 잠옷을 입히고 수유를 하는 동안 남편은 큰 아이에게 책을 읽어주고 침대에 눕힌다. 그 다음에 남편이 작은 아이를 안아서 흔들어 재우는 동안 나는 부엌을 치운다. 남편이 출장을 갔을 때는 내가 집에 있고, 내가 출장을 갔을 때는 남편이 집에 머문다. 일정을 맞추기가 쉽지 않지만 그럭저럭 잘 지낸다.

그러다가 어느 날 우리는 각자 맡은 일에 충실한 그런 생활이 우리를 멀어지게 하는 것이 아닌지 두려워졌다. 남편은 나에게 뉴욕에 가서 주말을 보내자고 깜짝 제안을 했다. 아이들은 잠시 할머니에게 맡기기로 했다. 우리는 뉴욕의 뒷골목을 돌아다니며 웃고 입맞춤하며 유쾌하고 멋진 시간을 보냈다. 여행에서 돌아오며 우리는 둘이 함께 보내는 시간을 더 많이 갖기로 했다. 부부는 동업자가 아니라 연인이다. 빨래는 며칠 밀려도 되지만 러브스토리는 매일 조금씩 써야 한다.

무엇보다 서로를 사랑하는 것이 중요합니다.
사랑은 모두를 완전하게 하나로 묶어주는 띠입니다.
골로새서 3:14

중요한 것은 보이지 않는 곳에 있다

지난 주 결혼한 지 얼마 안 되는 주부를 만나 이런저런 이야기를 나누었다. 그녀는 나에게 결혼에 관한 조언을 들려 달라고 했다. 아직 신혼이고 직장을 다니는 그녀는 집을 청소하고 요리를 배우느라 바쁘다고 했다. 나는 먼저 결혼한 선배로서 한 마디 귀띔을 해주었다. "물론 요리와 청소를 잘하면 좋겠지요. 남편은 훌륭한 아내를 얻었다고 자랑스러워 할 거에요. 하지만 부부는 상대방이 하는 말을 귀담아 듣고 서로 눈을 바라보는 것이 중요해요. 시간이 나면 데이트를 하거나 자전거를 타거나 함께 둘만의 시간을 보내며 많은 대화를 나누세요."

사랑하는 사람을 위해 눈에 보이는 것을 해주고 감사를 받고 싶어 하는 것은 어쩌면 자기 만족이 될 수 있다. 중요한 것은 그가 정말 원하는 것이 무엇인지 관심을 갖고 귀를 기울이는 것이다.

마르타야, 마르타야!
너는 많은 것에 대해 염려하고 화를 내는구나.
그러나 필요한 것은 아주 조금 뿐이다.
누가복음 10:41~42

비난하지 않고 귀 기울이기

올해 초에 남편과 나는 서로에게 솔직해지기 위해 언제라도 마음에 있는 불만을 이야기하기로 했다. 그런데 그 결과 우리는 반년 가까이 서로를 비난하면서 보냈다. 정직한 토론이라는 미명 하에 지나간 일들을 먼지가 폴폴 날 때까지 들추어냈다. "당신이 이러저러하지 않았느냐, 당신은 그러지 말았어야 했다, 당신이 먼저 그러지 않았느냐"고 따지고 들었다. 그러면서 똑같은 싸움을 계속하고, 똑같은 사과를 반복해서 들으려고 했다.

그러다 어느 날 우리가 계속 그렇게 다투는 이유를 찾았다. 그 이유는 우리가 서로 상처를 주고 받으면서도 그대로 방치하면서 살았기 때문이었다. 솔직해지기로 한 것은 좋은 출발이었지만 과거의 상처부터 치유하고 넘어가야 했다. 이제라도 지난 일로 비난을 받을 때 방어를 하기보다 귀를 기울이고 이해하고 인정하는 것이 필요했다.

113

듣기는 빨리 하고, 말하기는 천천히 하며,
분노하는 것도 천천히 해야 합니다.
야고보서 1: 19~20

남편과 내가 자주 다투고 서로를 미워하던 시기에 내가 두려워한 것은 우리가 갈라서는 것이 아니었다. 우리 둘 중에 한 사람이 떠날 거라고 생각하진 않았다. 아마 우리는 계속 지금처럼 같이 살면서 아이들을 돌보고 저녁에는 함께 TV를 볼 것이다. 내가 두려워한 것은 서로에게 마음을 닫은 채 평생 살게 되는 것이었다. 서로에 대한 신뢰감을 상실한 채 다시 상처를 받더라도 관계를 회복해보려고 하는 노력을 포기하게 될 것 같아서 두려웠다.

다행히 우리 부부는 힘든 시기를 무사히 통과해서 새로운, 더 나은 곳에 도달했다. 둘 사이의 관계가 회복될 수 없을 정도로 손상되었다고 생각하는 부부에게 말해주고 싶은 게 바로 이것이다. 지난 몇 년 동안 나 역시 몇 번이고 그렇게 생각했다. 그러나 우리의 마음은 생각보다 훨씬 탄력적이며, 지금 당장은 상상할 수 없다고 해도 언젠가 변화가 찾아올 수 있다는 것을 염두에 두어야 한다.

그를 용서해 주고 위로해 주십시오.
그가 지나친 슬픔에 짓눌리지 않도록 말입니다.
고린도후서 2: 7

하느님의 걸작

최근에 참석한 한 모임에서 진행자가 우리 각자는 하느님이 만드신 걸작이라고 했다. 그는 한 사람을 앞으로 나오라고 해서 의자에 앉게 하고는 말했다. "모두들 알고 계시죠? 이 분이 하느님의 걸작이라는 거 말입니다. 고흐의 '별이 빛나는 밤'이나 또 모네의 '수련'처럼 말이죠. 그러면 이 분이 얼마나 멋지고 훌륭한지 우리 한사람씩 돌아가면서 이야기해볼까요?"

사람들은 진행자가 시키는 대로 그 사람에 대해 칭찬을 하기 시작했다. 그가 평소에 보이는 성실하고 겸손한 태도, 솔직함, 다른 사람을 도와주고자 하는 의지에 대해서 이야기했다. 우리 앞에 앉은 남자는 부끄러워서 쥐구멍을 찾는 것처럼 보였지만 이내 그의 얼굴에서 눈물이 흘러내리기 시작했다. 그는 잠시 후 자신이 요즘 매우 힘든 시간을 보내고 있었는데 우리가 해준 말이 용기와 위안이 되었다고 했다. 우리는 그의 이야기를 들으며 함께 눈물을 흘렸다. 우리 모두에게 정화와 치유의 시간이었다.

115

> 주님은 진흙으로 우리를 빚으셨습니다.
> 우리 모두는 주님이 손수 지으신 피조물입니다.
> 이사야 64:8

단호박 바나나 머핀

밀가루가 아닌 단호박과 바나나로 만드는 영양이 풍부한 건강식이어서 아침식사로 먹을 수 있는 머핀이다. 설탕, 유제품, 기름이 들어가지 않는다.

바나나 3개 짓이긴 것 (갈색이 짙을수록 좋다)

단호박 퓌레 1 /2컵

달걀 2개

아몬드 가루 2컵

소금 1t

베이킹소다 1 ½t

냉동 블루베리 (또는 다른 생과일이나

냉동과일) 1컵

호두 1 /2컵

다크초콜릿칩 1 /2컵(호두와 초콜릿칩 대신

좋아하는 다른 건조식품을 사용해도 된다)

1 오븐을 180도로 예열한다.

2 큰 볼에 바나나, 단호박, 달걀을 넣고 섞
는다. 또 다른 볼에 아몬드 가루, 소금,
베이킹소다를 섞어서 반죽에 넣는다. 블
루베리, 호두, 초콜릿 칩을 추가한다.

3 반죽을 스푼으로 떠서 12개의 머핀 컵에
넣고 30분 정도, 가운데를 이쑤시개로
찔러봐서 묻어나오는 것이 없을 때까지
굽는다.

비상구 데이트

아이들을 키우는 부부가 밖에서 데이트를 하는 것은 거의 불가능하다. 그래서 우리 부부는 주말 저녁에 함께 동네를 산책하고 TV로 영화를 보는 것으로 두 사람만의 시간을 갖는다. 얼마 전 뉴욕에 사는 친구에게서 한 가지 방법을 배웠다. 그들은 아이들을 재워놓고 맨해튼 시가지가 내려다 보이는 아파트 비상구 계단에 나가서 미니 데이트를 즐긴다고 했다. 나는 그 아이디어가 썩 마음에 들었다. 그날 저녁 집에 가서 아이들이 잠이 든 후에 나는 당장 남편에게 제안을 했다. "잠깐 데이트 어때?"

그 후로 종종 우리는 포도주 한 병을 따거나 티 한 주전자를 우려서 컵 두 개를 들고 현관으로 나간다. 차가 끊긴 조용한 거리를 바라보며 이야기를 하고 서로에게 귀를 기울인다. 화려한 불빛으로 수놓인 맨해튼 시가를 내려다보는 대신 우리는 어깨를 나란히 하고 앉아 달과 나무들과 시카고의 오헤어 공항을 오가며 지그재그로 하늘을 나는 비행기들을 올려다본다.

주님은 저를 위해서 좋은 땅에 경계선을 쳐주셨습니다.
저는 참으로 빛나는 유산을 물려받았습니다.
시편 16: 6

달콤하게 느린 계절

모든 연인이나 부부가 그렇듯이 우리도 결혼 생활에 부침이 있어서 달콤한 때가 있는가 하면 쓸쓸할 때도 있다. 때로는 원인이 뭔지도 모를 때도 있지만 요즘은 가능하면 문제를 만들지 않도록 주의한다. 달콤한 시간을 최대한 길게 연장하고 싶기 때문이다. 생각해보면 작년에 우리가 내린 몇 가지 어려운 선택이 길을 열어준 것 같다.

그 중의 한 가지는 생활의 속도를 늦추는 것이다. 아마 나는 평생 이 문제로 어려움을 겪을 것 같다. 나는 툭하면 지나치게 바쁜 생활로 빠져들고, 그 여파가 다른 부분에 계속 부정적인 영향을 미친다. 사람과 사람 사이의 관계는 조금 느리게 살 때 더 가까워진다. 부부에게는 서로 귀를 기울이고 함께 웃는 시간이 필요하다. 동업자가 아닌 연인이 될 때, 아이들이 잠들고 난 후에 소파에 앉아 도란도란 대화를 나눌 때 결혼 생활은 더 좋아진다.

주님은 우리에게 평화를 내려 축복해주신다.
시편 29:11

네가 하고 싶은 것을 해봐

어린 시절 여름 캠프에 참가했을 때 자유 시간이면 아이들이 운동장에 모여서 하던 놀이가 있었다. 한 명씩 트램펄린에 올라가 춤을 추거나 빙빙 돌면서 내키는 대로 마음껏 뛰는 것이었다. 아이들은 그 주위를 둘러싸고 서서 자기 차례가 되기를 기다리며 목청껏 합창을 했다. "하고 싶은 게 있으면 해봐, 마음껏 해봐."

우리가 하고 싶은 일을 할 수 있는 용기를 낼 수 있는 것은 사랑하고 신뢰하는 사람들이 있기 때문이다. 그들은 두 손을 들고 우리를 응원해준다. "하고 싶은 것이 있으면 해. 마음껏 해봐."

그런 사람들이 있어서 우리는 실패에 대한 두려움을 극복하고 도전을 한다. 그들의 격려가 있기에 우리는 용기를 내서 하고 싶은 일에 도전할 수 있다.

주님은 더 이상 너를 꾸짖지 않으실 것이다.
너를 보시고 노래하며 기뻐하실 것이다.
스바냐 3:17

섬에서는 시간이 느리게 흘러간다

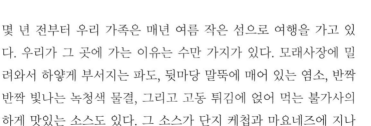

몇 년 전부터 우리 가족은 매년 여름 작은 섬으로 여행을 가고 있다. 우리가 그 곳에 가는 이유는 수만 가지가 있다. 모래사장에 밀려와서 하얗게 부서지는 파도, 뒷마당 말뚝에 매어 있는 염소, 반짝반짝 빛나는 녹청색 물결, 그리고 고동 튀김에 얹어 먹는 불가사의하게 맛있는 소스도 있다. 그 소스가 단지 케첩과 마요네즈에 지나지 않는다는 것을 나는 한참 나중에야 알았다.

 그 섬은 사람들을 느긋하고 관대하게 만드는 요술을 부린다. 그 섬에 있는 동안 우리 가족은 마치 그곳 주민이 된 것처럼 생각하고 생활한다. 모두들 아무 계획도 일정도 없이 그때 그때 하고 싶은 것을 한다. 똑같은 주제로 몇 분이 아니라 며칠에 걸쳐 대화를 나눈다. 누군가 전에 했던 이야기를 또 해도 모두들 열심히 귀를 기울이고 성의껏 반응을 한다. 그런 시간이 좋아서 우리 가족은 여름마다 그 섬에 간다.

121

주님은 여섯 날 동안 하늘과 땅과 바다와
그 안에 있는 모든 것을 만들고, 일곱째 날에는 쉬셨다.
시편 29:11

기꺼이 포기해야 할 것

나는 마음만 먹으면 뭐든지 할 수 있는 것처럼 보이는 사람을 보면 부럽기 짝이 없다. 데니스는 네 자녀의 엄마이자 내가 몇 명인지 모를 정도로 많은 손자들을 거느린 할머니이며, 일하고, 글 쓰고, 여행하고, 요리한다. 무엇보다 그녀는 기본적으로 안정적인 삶을 사는 것 같았다. 분명 내가 아직 모르는 어떤 비결을 알고 있음에 틀림없었다. 그녀와 함께 점심을 먹으러 간 날 나는 어떻게 하면 그녀처럼 유능해질 수 있냐고 물었다.

데니스는 내게 이렇게 말했다. "저는 절대 유능한 사람이 아니에요. 우리가 어떤 삶을 살기를 원하는지 결정하는 것은 어렵지 않아요. 사실 어려운 일은 정말 중요한 것을 위해 다른 것을 기꺼이 포기할 수 있는 거에요. 저는 뭐든 잘하는 것이 아니라 중요하다고 생각하는 일을 열심히 할 뿐이죠."

우리가 손에 쥐고 놓지 않는 것이 우리가 원하는 사람이 되지 못하게 방해할 수 있다. 그렇다면 이제 그만 욕심을 버리고 내 손에서 놓아야 할 것은 무엇일까?

방해하는 모든 것을 던져버리고 아주 쉽게 우리를 얽어매는 죄를 뿌리치고, 인내심을 가지고 우리가 가야 할 길을 달려갑시다.
히브리서 12: 1-2

해야 하는 일 목록

데니스에게서 영감을 받은 나는 그 날 당장 내가 해야 하는 일들의 목록과 하지 않아도 되는 일들의 목록을 만들어 보기로 했다. 먼저 나에게 가장 소중한 일들이 무엇인지 생각했다.

첫째, 내 삶의 중심에 하느님에 대한 믿음을 놓을 것.

둘째, 남편과의 관계를 로맨틱하게 유지할 것.

셋째, 두 아들을 키우는 데 모든 정성을 다할 것.

넷째, 진실을 이야기하는 작가가 될 것.

다섯째, 많이 읽을 것. 소설, 에세이, 요리책, 그리고 성경을 읽을 것.

여섯째, 가까운 사람들과의 관계를 당연히 여기지 않고 관심을 갖고 사랑을 표현할 것.

온 마음으로 주 하느님을 사랑하라는 것이
가장 중요하고, 으뜸가는 계명이다.
둘째 계명은 '네 이웃을 네 몸 같이 사랑하라'는 것인데
이 역시 똑같이 중요하다.
마태복음 22:37~39

그러면 정말 중요한 일들을 더 잘하기 위해 이제부터 하지 말아야 하는 일들은 무엇일까?

첫째, 나 자신을 초라하게 느끼게 만드는 사람들과 시간을 보내지 말 것.

둘째, 주로 돈이나 다른 사람들의 허물을 이야기하는 사람들과 시간을 보내지 말 것.

셋째, 집을 근사하게 꾸미겠다고 여기저기 인테리어 제품을 찾아다니지 말 것.

넷째, 집 청소와 정리정돈을 완벽하게 하려고 하지 말 것.

다섯째, 특별한 행사 때만 미장원에 가고 평소에는 손톱에 매니큐어도 칠하지 말 것.

우리가 쓸 수 있는 에너지와 시간은 한정되어 있다. 사실 알고 보면 우리가 하는 일 중에는 반드시 하지 않아도 되는 일들이 아주 많이 있다.

124

내가 하는 한 가지 일은 과거의 것은 잊어버리고,
앞에 있는 목표를 향해 힘껏 달리는 것입니다.
빌립보서 3: 13

내 손으로 만드는 음식

나는 레스토랑에서 먹는 근사한 음식보다는 맛이 있거나 없거나 내 손으로 직접 만들어서 사랑하는 사람들과 함께 먹는 음식이 오래 기억에 남는다. 음식은 우리 몸뿐만 아니라 정신에도 영양분을 공급한다. 남자나 여자나 적어도 자신과 사랑하는 사람들을 먹일 줄 알아야 한다. 음식을 대접하는 것은 사랑을 표현하는 가장 효과적인 방법이다. 음식은 우리 몸에 공급하는 연료 이상의 것이다. 식탁에 둘러앉아 직접 차린 음식을 사랑하는 사람들과 함께 먹는 것은 우리 자신과 우리를 창조하신 하느님을 기리는 일이다. 음식은 그 자체가 목적이 되고 때로는 목적을 위한 수단이 된다. 음식과 식탁은 함께 웃고 누군가에게 좋은 말을 해주는 따뜻하고 성스러운 공간을 만들어준다. 하루를 마감하기 전에 지친 몸과 마음을 달래고 기력을 회복하는 시간을 준다.

그때에 주 하느님께서 땅의 흙으로 사람을 빚으시고,
그 코에 생명의 숨을 불어넣으시니, 사람이 생명체가 되었다.
창세기 2: 7~9

치킨 커리 샐러드
샌드위치

평범한 닭고기 샐러드를 만들면 의외로
풍부한 맛을 자랑하는 샌드위치를 먹을
수 있다. 차 한 잔과 함께 즐기는 간편하지
만 우아한 점심식사가 될 뿐 아니라 영양
면에서도 한끼 식사로 부족하지 않다.

크림치즈 1팩 (230그램)

망고 처트니 2 T

카레가루 1 ½ t

소금 1 /4 t

후추 1 /4 t

삶은 닭고기 2 컵 깍둑썰기한다

구운 아몬드 슬라이스 1 /2 컵,

코코넛 가루 1 /2 컵,

파 1 /4 컵, 송송 썬 것

통밀 바게트

1 크림치즈, 망고 처트니, 카레가루. 소금, 후추를 고루 섞고 닭고기를 넣어서 다시 섞는다.

2 닭고기 샐러드를 숟가락에 수북하게 담아 얇게 썬 바게트 위에 잘 펴서 바르고 아몬드, 코코넛, 파를 위에 뿌린다.

음악가들에게 하는 식사 대접

나는 음악가인 남편과 결혼한 후 지금까지 종종 그의 동료들을 집으로 불러서 음식을 대접한다. 음악가들은 감각이 예민한 사람들이라 음식의 질감과 냄새와 풍미에 대해 섬세한 평가를 해주므로 그들에게 음식을 대접하는 것은 항상 즐거운 일이다.

  그들 중에는 꾸준히 빠지지 않고 찾아오는 고정 멤버들이 있다. 주로 혼자 생활하는 '배고픈' 예술가들이다. 나는 엄마 같은 마음으로 남은 음식은 정성껏 싸서 그들이 떠날 때 손에 들려준다. 음식을 담아준 통은 대부분 다시 돌려받지 못한다. 하지만 내가 그들에게서 받는 것이 훨씬 더 많다. 그들의 칭찬과 정확한 평가는 나의 자신감을 높여주고 더욱 발전하게 해준다.

나팔수들과 성가대는 한 소리로 주님을 찬양하고 찬송하였다.
역대기 5:13

초심을 지켜야 하는 이유

나는 글 쓰는 일을 좋아하지만 작가라는 직업에 대해 이야기하는 것은 선뜻 내키지 않는다. 자칫 잘못하면 나의 존재 가치를 책의 판매 부수나 블로그의 페이지뷰로 평가하기 쉽기 때문이다. 독자들의 서평과 아마존의 판매지수에 신경을 쓰면 쉽게 좌절하고 실패한 것처럼 느낄 수 있다. 그래서 내가 글을 쓰는 이유를 기억하는 것이 중요하다. 내가 글을 쓰는 이유는 무엇보다 내 이야기를 하고 싶기 때문이고, 내가 다른 사람들이 하는 이야기에 관심을 갖듯이, 누군가 내가 하는 이야기에 관심을 가질 수 있다고 생각하기 때문이다. 나는 누군가에게 혼자가 아니라고 느끼도록 해주는 이야기를 쓰고 싶다. 직접 만나지는 못하지만 어딘가에는 같은 생각을 하는 친구들이 있다는 것을 알게 해주고 싶다.

내가 중요하게 생각했던 모든 것이,
그리스도를 만난 이후, 아무 쓸모 없는 것임을 알았습니다.
빌립보서 3: 7

예술의 존재 이유

얼마 전 아이튠스에서 듣기 목록을 만들었다. 그런데 선택할 수 있는 노래 제목들을 훑어 내려가다 보니 대부분의 밴드가 처음 들어보는 이름이었다. 이 많은 밴드들 중에 정말 들을만한 밴드가 얼마나 될까? 라는 생각이 들었다. 그러고는 곧 뉘우쳤다. 얼마나 한심한 생각인가. 이런 생각이야말로 창조성을 죽이는 편협한 생각이다. 우리의 경험을 예술로 승화시키는 것은 인간만이 할 수 있는 고귀한 일이다.

팍팍한 세상은 우리로 하여금 모든 것에서 경제성을 따지게 만들었다. 하지만 예술은 어떤 마을에 야채 가게나 세탁소가 얼마나 필요한지를 묻는 것과는 다른 분야다. 인류는 무대 공연이나 전시회나 콘서트가 없어도 생존할 것이다. 그리고 인류가 존재하는 한 창조는 계속될 것이다. 우리는 창조주 하느님의 이미지로 만들진 창조하는 존재이기 때문이다.

하느님께서 말씀하셨다.
"우리 모습대로, 우리와 비슷하게, 사람을 만들자."
창세기 1: 26

탄생의 노래

첫 아이를 낳을 때 분만실에서는 '바늘과 실'이라는 음악이 흘러나오고 있었다. 슬리핑 앳 라스트*Sleeping at Last*라는 그룹이 부른 그 노래의 가사는 하느님과 천사, 병원과 사랑에 대한 내용이다. 그 음악은 우리 첫아이 헨리의 탄생을 기념하는 노래가 되었다. 몇 달 뒤 남편과 나는 슬리핑 엣 라스트의 공연을 보러 갔다. 그들이 우리가 분만실에서 들은 노래를 부를 때 나는 남편 손을 잡고 울면서 우리 아이가 태어난 순간을 생각했다. 엄마가 된다는 것은 얼마나 풍요롭고 기적적인 일인가! 나는 작곡가에게 그의 노래가 우리 아이의 탄생의 순간을 얼마나 아름답게 만들어주었는지 말해주고 싶다. 그리고 간절히 부탁하고 싶다. "계속 노래를 불러주세요. 희망과 그리움과 아름다움을 담은 음악을 만들어주세요."

음악은 고단한 삶을 사는 우리를 위로해주고 가장 고통스러운 경험까지도 아름다운 추억으로 만들어준다.

성령으로 충만해지도록 하고,
시편과 찬미가와 영가로 서로 화답하세요.
에베소서 5:19

창작의 고통

예술가는 창작을 하지 않으면 온전하게 살아있는 것처럼 느끼지 못한다. 피아니스트이고 작곡가인 내 남편이 연주와 창작을 하지 않는 공백기가 길어지면 나는 집안 분위기가 가라앉는 것을 느낀다. 마치 냉장고 안에서 음식이 상하고 있거나 벽안에 죽은 쥐가 들어 있는 듯이 뭔가 께름칙하게 느껴진다. 남편은 소리와 악보와 말로 창작을 하도록 태어난 사람이며, 그런 일을 하지 못하면 실존적 위기를 느끼는 듯하다.

나는 하루 종일 창작에 몰두하는 몇몇 예술가들을 알고 있다. 그들은 혈관을 따라 예술혼이 흐르는 듯, 며칠씩 자지도 먹지도 않고 사람을 만나지도 않고 자신만의 세계에서 흥청거리며 논다. 하지만 그런 예술가도 언제나 행복하지는 않을 것이다. 창작은 두려움과 자의식과 싸워야 하는 매우 힘든 작업이고 저녁을 준비하거나 잔디를 깎거나 이메일에 답장을 쓰는 것과는 차원이 다른 일이다. 하지만 그 모든 산고를 이겨내고 마침내 새로운 생명을 탄생시켰을 때의 기쁨은 무엇과도 비교할 수 없다.

나는 주님의 힘을 노래하고,
아침이면 주님의 사랑을 노래하겠습니다.
시편 59:16

위대한 순간

나는 '위대한 순간'을 그린 영화를 좋아한다. 하루 아침에 운명이 바뀌는 이야기는 짜릿하다. 그리고 나에게 그런 영화와 같은 사건이 일어나기를 바랐다. 마치 계모의 구박을 받으며 살던 신데렐라에게 어느 날 멋진 왕자가 찾아오는 것처럼 말이다. 하지만 위대한 순간은 혼자 오지 않는다. 위대한 순간은 그 전까지 있었던 더 작은 순간들이 모여서 이루어지는 것이다. 한 줌의 구슬이 아름다운 목걸이로 탄생할 때까지 아주 많은 시간과 정성이 필요하듯이, 그런 순간들은 아주 평범하고 지루할 수 있다.

올림픽 트로피 수상자들은 알고 있다. 위대한 순간은 빛나는 우승 트로피를 받을 때가 아니라 매일 아침 따뜻한 잠자리에서 일어나 연습을 하러 나간 그 수천 번의 시간들이라는 것을. 위대한 순간은 비가 오나 눈이 오나 하루도 빠짐 없이 달리는 시간들과 햄버거가 먹고 싶은 욕구를 뿌리치고 건강식을 선택한 순간들이라는 것을……

아주 작은 일에 충실한 사람은 큰 일에도 충실하다.
누가복음 16:10

방황

젊은 시절 한 때 종교를 자전거의 보조바퀴처럼 생각했던 적이 있었다. 나는 스스로 정의롭고 용감하다고 느꼈고 종교는 지나치게 경직되고 사람들이 서로 소통할 수 있는 기회를 가로막는 것처럼 보였다. 그래서 어느 날 넘어지는 일이 있어도 보조바퀴를 달지 않고 자전거를 타고 싶었고 실제로 종교에서 멀어졌다. 그러나 마음 한구석에는 기름이 거의 다 떨어진 라이터에 불이 붙기를 바라는 것처럼 언젠가 내 안에서 신앙심이 다시 살아날 수 있을 것이라는 작은 희망이 남아 있었다.

대학에 입학해서 나는 일 년여에 걸쳐서 방황을 했다. 혼란스럽고 공허하고 외로웠다. 친구들과 몰려다니며 밤새 춤추거나 술을 마셨다. 그러던 어느 날 창을 통해 비스듬히 햇빛이 비추던 오후 시간에 창턱 위에 쌓여있는 한 무더기 책들 속에 끼어 있는 성경책이 눈에 들어왔다. 나는 무심코 성경책을 집어 들어 무릎에 얹고 그 위에 살며시 엎드렸다. 마치 잃어버렸던 고양이를 품에 안듯이.

저는 흙먼지에 파묻혀 있습니다.
주의 말씀으로 저의 영혼을 지켜주소서.
시편 119 : 25

공감과 위안

친구 스티브가 자신이 다니는 교회에 와서 강연을 해달라고 했다. 나는 그 날 저녁 작가로 사는 삶의 의미에 대해서 이야기했다. 강연을 끝냈을 때 한 소녀가 개인적으로 이야기를 나누고 싶다고 했다. "저도 글을 쓰고 있어요." 그 애는 마치 비밀이라도 고백하는 것처럼 수줍어하며 말했다. "저한테 도움이 될 수 있는 말씀을 해주시겠어요?"

나는 그 기특한 아이에게 대답했다. "그보다는 제가 부탁을 해야겠네요. 지금처럼 계속 글을 써주세요. 난 읽기를 좋아하기 때문에 읽을거리를 주는 작가들이 고맙지요." 그리고 이렇게 덧붙였다. "생각을 많이 하고 매일 일기를 쓰듯이 계속해서 생각을 글로 옮기는 것이 중요해요. 작가들은 누구에게 보여주기 위해 글을 쓰기보다는 글쓰는 것 자체를 좋아해서 글을 쓰는 거죠. 그런 글이 누군가에게 공감과 위안과 즐거움을 주는 거에요."

미래의 작가, 화가, 가수, 음악가를 꿈꾸는 청년들이여! 아직 아무도 알아주는 사람이 없어도 당신들은 이미 자랑스러운 예술가다.

새 노래로 주님을 찬양하라.
멋지게 연주하고, 기쁨의 함성을 외쳐라.
시편 33: 3

구운 복숭아와
캐러멜 아이스크림

더운 여름에 나는 가능하면 오븐 사용을 피하고 그릴을 사용한다. 캐러멜 소스를 만들어 냉장고에 넣어두면 여러 모로 쓰임새가 있다. 식사 후에 소화를 돕는 훌륭한 디저트다

* 캐러멜 소스
갈색 설탕 2컵
생크림 1/2 컵
우유 1/2컵
버터 1/2 컵

1 캐러멜 소스 재료를 중간 불에 올려서
   젓는다. 거품이 생기기 시작하면 6~ 8분
   정도 끓이면서 이따금씩 저어준다. 짙은
   호박색이 되면 불에서 내리고 소금 약간
   을 뿌린다.

2 복숭아를 반으로 가르고 씨를 제거한다.
   녹인 버터로 붓칠을 해서 자른 단면를
   아래로 해서 그릴에 놓는다. 중간불에서
   8분에서 10분 정도, 그릴 자국이 생기면
   서 아주 부드러워질 때까지 굽는다.

3 뜨거운 복숭아를 접시에 올리고 옆에 바
   닐라 아이스크림을 떠서 담고 캐러멜 소
   스를 뿌린다. 견과류 부순 것을 올리면
   바삭한 질감을 더할 수 있다.

의식적인 결정

얼마 전 한동안 소식을 듣지 못한 친구를 만났다. "너 약혼했다며! 축하한다." 나는 반가운 마음에 그녀를 와락 끌어안으며 외쳤다. 그녀가 말했다. "아니. 약혼한 것은 사실이지만 지금은 아니야." 이런, 맙소사. 나는 어쩔 줄 모르고 사과를 하기 시작했다. 그러자 그녀가 손을 내 팔을 잡고 말했다. "괜찮아, 쇼나. 약혼을 깬 건 내가 세상에 태어나서 처음으로 한 의식적인 결정이었어."

얼마나 다행인가! 그녀의 빛나는 눈과 피부에서 나는 그녀가 행복하다는 것을 알 수 있었다. 그녀는 비록 고난을 겪었지만 스스로 인생에서 가장 중요한 선택을 했고 그 과정에서 그 무엇도 두려워하지 않을 수 있는 자신감을 얻었다.

나는 집에 와서도 그녀가 한 말이 한동안 머리에서 떠나지 않았다. 내가 살면서 했던 중요한 결정들은 세상 사람들의 눈치를 보지 않고 정말 나 스스로 한 것이었을까? 등을 떠밀려서 어쩔 수 없이 한 것은 아니었을까?

현재의 고난은 장차 우리에게
나타날 영광과 족히 비교할 수 없도다.
로마서 8:18

기도하는 법

내 친구 마가렛은 기도를 하면 원하는 것이 이루어진다고 믿는다. 그녀는 식탁 앞에서만 기도하는 것이 아니다. 길을 걸을 때, 아기에게 우유를 먹일 때도 기도한다. 잠자리에 들 때, 한밤중에 깨어났을 때 다시 잠들면서 기도를 한다.

　내가 둘째 아이를 갖기 전에 간절하게 임신을 바라는 동안 그녀는 나를 위해 기도해주었다. 그녀는 자신이 나를 위해 기도하고 있다는 걸 상기하라고 나에게 반지를 하나 주었다. 보석 상자에서 그 반지를 볼 때마다 친구가 나를 대신해서 나에게 부족한 확신을 갖고 기도하고 있다는 것을 생각하고 마음이 든든했다. 그리고 정말 나는 임신을 했다. 그런 그녀에게 감사하는 마음으로 나도 이제 생각날 때마다 그녀를 위해 기도한다.

139

우리는 하느님께서 계속해서 우리를 구해 주시리라는
희망을 가지고 있습니다. 여러분이 기도로 우리를 도와주는 것처럼.
고린도후서 1: 10~11

음식과 꽃 선물은 언제나 옳다

누군가 상심에 빠졌을 때 도움을 줄 수 있는 일이 아무것도 없다고 해도, 꽃과 음식을 선물하는 것은 절대 실패하는 일이 없다. 나는 유산을 하고 몸과 마음이 모두 지쳐 있을 때 시어머니가 만들어 준 감자 수프와 닭찜을 몇 날 며칠 먹으며 원기를 회복했다. 그리고 냉장고를 열 때마다 감사하는 마음이 들면서 상실감을 잠시 잊을 수 있었다. 친구들은 아름답게 빛나는 샐러리 색깔의 화분에 심겨진 치자나무를 보내왔다. 나는 식물을 키우는 재주가 없지만 햇빛을 쐬게 하고 물을 주며 정성껏 가꾸었다. 그리고 어느 날, 아마도 두 주 정도 지났을 때 나무에 활짝 핀 꽃을 보고 거의 소리를 지를 뻔 했다. 그 꽃은 나에게 자신을 용서하라고 이제 그만 슬퍼해도 된다고 말하고 있었다.

140

자비심과 친절함, 겸손함, 온화함, 인내심을 가지십시오.
골로새서 3: 12

위로의 말

우리는 종종 위로를 한다고 하는 말이 본의 아니게 아픈 상처를 건들기도 한다. 그러나 그보다 훨씬 더 나쁜 건 곤경에 빠진 사람을 보고도 아무 말도 하지 않는 것이다. 이웃에 살며 오다가다 만나는 사람이 최근에 일자리를 잃었다는 소식을 들었다. 나는 화장도 안 하고 파자마 차림으로 잡화점에 갔다가 우연히 그를 보았다. 잠시 망설이다가 나는 용기를 내서 그에게 다가갔다. 그가 실직했다는 이야기를 들었는데 내가 도움을 줄 수 있는 일이 없는지 물었다. 내가 실직을 해봐서 어떤 기분인지 안다고 털어놓았다. 그러자 처음에는 웃으면서 나를 피하려고 하는 그가 마침내 입을 열었다. "당신이 지금 잘 지내고 있는 것을 보니 저도 극복할 수 있다는 용기가 나네요."

우리는 상실이나 슬픔을 이야기하는 것은 예의가 아니라고 배운다. 그러면 무슨 이야기를 할 수 있는가? 날씨 이야기나 하거나 기쁜 소식만 전해야 하는가? 그러다가는 모두들 각자 병원 진단서나 이혼서류와 함께 덩그러니 혼자 남게 될 것이다.

소금으로 간을 맞추듯,
누구에게나 맞는 대답을 할 수 있도록 하십시오.
골로새서 4: 6

멋진 집보다 행복한 집

내 친구 커스틴은 대출을 받아 집을 사고 나서 함정에 빠진 것 같다고 털어놓았다. 크고 멋진 집에 사는 것이 빚을 갚기 위해 쪼들리는 생활을 할 가치가 있는지 의문이라고 했다. 그리고 얼마 안가 그녀는 그 집을 팔고 해변이 있는 섬 알라메다로 이사했고 집을 사고파는 과정에서 손해를 입긴 했지만 다시 숨을 쉬며 사는 것 같다고 즐거워했다.

　커스틴의 결단은 실수를 깨달으면 너무 늦기 전에 되돌릴 수 있다는 것을 보여주었다. 우리에게 진정으로 중요한 것이 무엇인지 생각해 보게 했다. 나는 우리 집을 보면서 종종 마음속으로 말한다. "집이 좀 좁으면 어때. 가족은 작은 집에서 복닥거리며 살아야 더 가까워지는 거야. 집에 돈을 쏟아 붓는 것보다 장을 보러 가서 우리 가족이 먹을 음식을 풍족하게 준비하는 것이 나은 거야."

하느님은 재난의 턱밑에서 당신을 구해내어
막힌 게 없는 널찍한 곳으로, 좋은 음식이 차려진 식탁으로 데려가
아늑함을 누리도록 했습니다.
욥기 36:16

아버지의 사랑

작은 아이 맥은 태어난 지 열흘 만에 고열이 나서 소아응급병실에 입원했다. 나는 아기과 단 둘이 병원에서 밤을 보내야 했다. 그날 밤은 유난히 을씨년스러웠고. 내 자신이 형편없이 무력하게 느껴졌다. 마치 내 몸 안에서 피가 다 증발된 것 같았고 무척 외로움을 느꼈다. 누군가에게 함께 있어달라고 할 수 있었지만 그런 상황에서 도움을 청해야 하는지도 알 수 없었다. 다음날 아침 아버지가 달려왔다. 아버지는 그 날 약속이 잡혀 있었지만 먼저 우리가 있는 병원에 들렀다. 아버지의 눈에 내가 필라멘트 줄에 간당간당 매달려 있는 것이 보였을 것이다.

"내가 같이 있으마." 아버지는 내 어깨를 감싸안으며 조용히 말했다. 그는 사무실에 전화해서 약속 시간을 다시 잡으라고 했다. 그 날 일은 아버지에게 받은 가장 따뜻한 사랑으로 기억될 것이다. 아버지의 사랑은 그가 세상을 떠난 후에도 내가 살아가는 데 큰 힘이 될 것이다.

아버지께서는 우리가 청하기 전에
우리에게 무엇이 필요한지 알고 계신다.
마태복음 6: 8

부모 욕심

나는 첫 아이를 키울 때 얼른 크기를 바랐다. 쑥쑥 자라거라! 쑥쑥! 나는 아이가 어서 빨리 자라고 재능을 드러내기를 바랐다. 하지만 지금 나는 둘째 아이가 언제까지나 아기로 남아있기를 바란다. 우리 집에는 이미 사랑스럽고, 짓궂고, 모험심이 많고, 재잘거리고 어른인 척 하는 큰 아이가 있다. 둘째 아이는 더 자라지 않았으면 좋겠다. 언제까지나 내 품에 안겨서 방실방실 웃는 아기로 남아 있으면 좋겠다. 지금 마음 같아서는 아이 다리가 길어져서 내 무릎까지 내려와도 품에 안고 다닐 것 같다. 열두 살이 되어도 동물잠옷을 입힐 것이고 운전면허증을 딸 때까지 고기를 잘라줄 것만 같다. 하지만 나의 간절한 바람에도 불구하고, 그가 자라서 어른이 되도록 도와주는 것이 부모의 역할이다. 아장아장 걸음마를 배우고, 불안한 사춘기를 거쳐, 세상에 나가서 의젓한 어른이 되게 하는 것이 나에게 주어진 역할이다.

그의 어머니는 그 모든 일을 마음속에 간직하였다.
예수님의 지혜와 키가 자라났고
하느님과 사람들의 총애도 더 커졌다.
누가복음 2: 51-52

사랑 표현

우리는 사랑하는 사람들에게 느끼는 감정을 좀처럼 표현하지 않는다. 연인의 사랑이나 친구의 우정이나 형제의 우애를 아주 당연하게 생각하기 때문이다. 그런데 가까운 사람일수록 마음속으로 사랑하는 것만으로는 부족하다. 사랑을 느낄 수 있게 해야 한다. 가족, 친구, 부부, 자녀, 어떤 관계에서도 마찬가지다. 우리는 그들에게 받는 사랑과 그들을 사랑하는 마음을 당연하게 여기기 쉽다. 그래서 표현을 하지 않게 되고 그러다가 어느새 마음이 점점 멀어지고 오해가 생긴다.

요즘은 사람들에게 더 자주 전화를 하고 이메일을 보내는 것을 중요한 일과로 삼고 있다. 그리고 그들을 만나면 눈을 바라보면서 말한다. "사랑해. 네가 옆에 있어서 정말 다행이야."

하느님의 사랑이 우리 안에서 완전해질 때
우리는 하느님께서 심판하시는 그날에
아무 두려움 없이 설 수 있을 것입니다.
요한1서 4:17

생옥수수 샐러드

올 여름에는 이 음식을 일주일에 두 번씩
만들었다. 옥수수는 주로 그릴에 굽거나
삶아서 먹었지만 이 샐러드를 만들기 시
작한 후로 달콤하고 아삭아삭한 생 옥수
수가 좋아졌다. 페타치즈의 쌉싸름한 맛,
옥수수의 달콤한 맛, 오이의 청량한 맛, 허
브의 화한 맛. 이런 맛들이 정확하게 여름
을 느끼게 해준다.

생옥수수 6개
오이 2개
파프리카 4개
방울토마토 1팩
바질 1다발
페타 치즈 230그램
소금 & 후추 약간

1 위의 재료들을 썰어서 허브의 양과 소금
과 후추를 입맛에 따라 조절하면서 섞는
다.

2 몇 시간 두면 더 맛있어지기 때문에 나
는 때로 아침에 만들어두었다가 저녁상
에 올린다.

내 안의 어린 아이

엄격한 엄마 밑에서 자란 친구가 있다. 그녀가 결혼을 했을 때 우리는 그녀의 남편과 장모의 사이를 걱정했다. 하지만 그것은 우리의 기우였다. 그녀가 말했다. "남편은 장모가 뭐라고 해도 끄떡하지 않아. 하지만 난 아직도 엄마 앞에서 어린아이처럼 주눅이 들어."

우리는 더 이상 어린애가 아닌데도, 더 이상 사춘기 청소년이 아닌데도 가족과 있을 때 옛날로 돌아간다. 어린 시절은 이미 오래 전에 끝났고 우리는 이제 더 이상 어린 아이가 아니다. 얼마 전에 누군가 나를 사람들에게 소개하면서 '독립적인 여성이며 성공한 작가'라고 말했다. 나는 쑥스러운 마음에 그가 누구를 말하는 것인지 모르는 척 주위를 둘러보았다. 내가 그런 말을 들을 자격이 있는지 의심스러웠기 때문이다. 내 안에는 여전히 독립하지 못한 어린 아이가 살고 있다.

지혜가 최고이니 지혜를 사거라.
네가 가진 모든 것으로 총명함을 사거라.
잠언 4:7

집 열쇠 빌려주기

아네트와 나는 대학 1학년 때 만났다. 그녀는 재치가 넘치고 현명한 사람으로 그녀가 하는 말은 나에게 지금도 큰 의미가 있다. 우리는 언젠가 같은 동네에 살았으면 좋겠다는 말을 했었는데, 어느 날 정말 아네트 부부가 체중이 43킬로그램이나 되는 반려견 시드니와 함께 우리 동네로 이사를 오게 되었다. 그들은 집을 구하는 두 달 동안 우리 집에서 함께 살았다. 그들이 새집으로 이사하는 날, 우리는 평소와 다름없이 출근을 했고 퇴근을 해서 집에 돌아와보니 텅 빈 방에 그들이 남긴 카드가 있었다. 카드를 열자, 열쇠 하나가 떨어졌다. 나는 왠지 허전한 마음에 눈시울이 뜨거워졌다. 다시는 우리가 그렇게 가까이에서 함께 지낼 수 있는 시간이 없을 거라고 생각했기 때문이다. 그런데 열쇠를 주워 보니 그것은 우리 집 열쇠가 아니라 그들이 새로 이사한 집의 열쇠였다. 카드에는 이렇게 적혀 있었다. "우리는 한 가족이나 다름없어."

우정은 우리가 사는 세상을 더 넓고 더 풍요롭게 만든다.

다른 사람을 시원하게 해주면 자신도 시원해진다.
잠언 11: 25

꼬리표 붙이기

내가 함께 일한 사람들 중에 아주 까다롭고 신경질적인 여자가 있었다. 그녀의 조바심은 나를 불안하고 지치게 만들었다. 그래서 흔히들 하듯이 나도 그녀에게 '완벽주의 괴물'이라는 꼬리표를 붙였다. 그러던 어느 날 그녀의 어린 시절 이야기를 듣게 되었다. 그녀는 일찍 어머니를 여의였는데 어릴 때 병든 어머니와 살면서 세균감염을 막기 위해 철저하게 위생을 지켜야 했다고 한다. 안 그러면 면역력이 약해진 어머니에게 위험할 수 있었기 때문이다. 그 이야기를 들으면서 나는 얼굴이 벌겋게 달아올랐다. 그녀에게 함부로 꼬리표를 붙인 것이 미안하고 부끄러웠다. 알고 보면 누구나 남들이 쉽게 이해하지 못하는 괴벽을 갖고 있다. 어떤 사람의 과거를 모르면 그의 현재가 쉽게 이해되지 않을 수 있다.

그 여인은 물동이를 놔두고 마을로 돌아가 사람들에게 말했습니다.
"내가 한 일을 모두 알아맞히신 분이 계십니다.
가서 보십시오. 그분이 메시아가 아닐까요?"
요한복음 4:28-29

우정은 가까이 다가갈수록 깊어진다

❋

아네트는 나에게 우정은 가까이 다가갈수록 깊어진다는 것을 가르쳐주었다. 내 마음 한 구석에는 사람들이 나를 잘 알게 되면 실망을 하고 등을 돌릴지도 모른다는 두려움이 있었던 것 같다. 하지만 아네트는 내가 진실을 말하고 도움을 청할 때마다 나를 향해 한 걸음씩 더 앞으로 다가와 주었다. 이웃에 마음이 잘 맞는 친구가 살고 있다는 것은 커다란 행운이다. 우리는 토요일 오후에 집을 바꿔가며 뒷마당에 자리를 깔고 눕거나 베란다에 앉아 늦은 시간까지 함께 머물곤 한다.

만일 여러 해를 판에 박힌 일상에 쫓기면서 의미 있는 관계를 갖지 않고 지낸다면 어느 날 속마음을 털어놓을 수 있는 친구가 한 사람도 남아 있지 않을지도 모른다.

151

우리는 고난을 함께 나누듯이, 안락함도 함께 나눕니다.
고린도후서 1:7

넘어서야 하는 것은 나 자신이다

대학을 졸업하고 처음 직장에 다닐 때 나를 무척이나 괴롭히는 동료가 있었다. 여러 달이 지난 후에 상사가 나를 불러서 말했다. "당신이 그 사람 때문에 괴로워하는 것은 이해해요. 그 사람은 같이 일하기 힘든 사람이에요."

그 말을 듣고 나는 안도의 한숨을 내쉬었다. 그러자 그가 다시 말했다. "그건 당신도 알고 나도 알아요. 그런데 당신이 그 사람 때문에 그렇게 괴로워하고 화가 나는 이유는 무엇 때문일까요?" 그는 계속해서 말했다. "지금 그 이유를 모를 수 있어요. 하지만 언젠가는 알게 될 겁니다. 어떤 사람이 당신을 참을 수 없게 만든다면 아마 똑같은 사람을 계속 만나게 될 거예요. 당신이 그런 문제를 극복할 수 있을 때까지 말입니다."

그의 말은 전적으로 옳았다. 나 자신을 극복할 수 있을 때까지 나는 똑같은 상황을 계속해서 대면하게 될 것이다. 문제는 언제나 거기에 있고 우리가 할 수 있는 일은 우리 자신을 넘어서 계속 성장하는 것이다.

현명한 사람은 학식을 더하고,
분별력 있는 사람은 길잡이를 얻게 될 것이다.
잠언 1: 5

나는 일 년에 몇 번씩 결혼식 주례를 보게 되는데 보통 결혼식 일주일 전쯤에 신랑과 신부를 만난다. 그 때 신랑신부는 내게 선배로서 결혼식 준비에 대한 조언을 해달라고 부탁한다. 내가 그들에게 해주는 조언은 이제부터 아무것도 계획하지 말라는 것이다. 이미 목록에 올려놓은 것을 제외하고는 더 이상 새롭게 뭔가를 계획하지 말고 단지 할 일 목록에 올린 항목들을 하나씩 지워가라고 한다. 그리고 해야 하는 것이 있다. 시간이 날 때마다 잠을 자거나 빈둥거리거나 산책을 하거나 목욕을 하면서 휴식을 취하라고 한다. 이렇게 말하면 신랑신부는 미친 사람 보듯이 나를 쳐다본다. "할 일이 얼마나 많은데 낮잠이나 자라고요?"

그렇다, 그렇게 해야 한다. 결혼식을 완벽하게 만드는 것은 화려한 웨딩드레스나 성대한 피로연이 아니라, 신랑과 신부가 그 어느 때보다 행복한 표정으로 그 자리에 서 있는 모습을 보여주는 것이기 때문이다.

153

그대의 모습을 보게 해주고, 그대의 목소리를 듣게 해 주세요.
그대의 목소리는 달콤하고 그대의 모습은 어여쁘니까요.
아가 2: 14

나는 세상에는 두 종류의 사람이 있다고 생각했다. 마라톤을 할 수 있는 사람과 할 수 없는 사람. 나는 두 번째 범주에 속하는 사람이었다. 그러나 마라토너가 결승점에 도달하는 순간을 볼 때마다 감동해서 눈시울이 뜨거워졌다.

그러던 어느 날 마침내 나는 선언했다. '나도 결승선에 도달하는 순간을 직접 느껴보고 싶다.' 그 때가 이 년 전이었고 그 동안 나름대로 준비도 했다. 얼마 전 친구 네이트가 이메일을 보내왔다. 곧 있을 시카고 마라톤 대회의 등록이 시작됐다는 것이다. 나는 잠시 생각하다가 답장을 썼다. "올해는 아직 준비가 안됐어. 내년에 할게." 이렇게 쓰고 나자 일 년 후에도 다시 그런 답을 보낼 거라는 생각이 들었다. 나는 그 말을 지우고 다시 썼다. "그래 등록할게."

우리에게 필요한 것은 미루지 말고 당장 시작하는 것이다. 머릿속에서 '내년에. 내년에. 내년에.'라고 되풀이하는 목소리를 눌러버리고 지금 바로 도전하는 것이다.

154

가진 것이 있으면서도
"내일 다시 오면 주겠소."라고 하지 마라.
잠언 3: 28

내 몸이 가진 가능성

시카고 마라톤을 위한 훈련을 시작했을 때 마치 프로 선수처럼 보이는 사람들을 보며 주눅이 들었다. 누군가가 십 마일, 이십 마일 달렸다는 말을 들으면 가슴이 무겁게 내려앉았다. '출발선에 설 수 있으면 결승선에도 설 수 있다'는 말은 나에게 해당되지 않는 것 같았다.

훈련은 4월에 시작되었고 초보자들은 3마일을 뛰는 것으로 시작했다. 처음에는 3마일이 나의 한계치였다. 그러나 점차 몸이 가벼워졌고 몇 달 후 그 정도는 거뜬히 뛸 수 있게 되었다. 한 친구가 내 다리를 내려다보며 "와, 쇼나, 장딴지가 달리기 선수처럼 단단해졌구나!"라고 했을 때 나는 뛸 듯이 기뻤다.

여름이 되면서 달리는 거리는 점점 더 늘어났다. 10마일, 16마일, 20마일. 나는 내 몸이 갖고 있는 가능성을 알고 놀라워하고 있다. 그 동안 내 몸을 너무 과소평가하고 있었던 것이다.

나는 누군가처럼 목표 없이 달리지 않습니다.
허공에 대고 주먹을 휘두르듯 의미 없이 싸우지 않습니다.
고린도전서 9:26

소시지 계란빵

나는 친구들이 우리 집으로 아침 겸 점심
으로 브런치를 먹으러 오는 걸 좋아한다.
우리는 한가하게 커피를 마시고, 아이들
은 여기 저기 뛰어다닌다. 이 음식은 요즘
같은 날씨에 먹기에 안성맞춤이며, 특히
전날 밤에 만들어 놓았다가 꺼내서 오븐
에 굽기만 하면 된다.

수제 소시지 450그램 으깬다

달걀 6개

우유 2컵

겨자 1T (나는 디종을 사용한다)

소금 1/2 t

후추 1/2 t

식빵 6조각 깍뚝썰기 한다.

치즈 2컵 채썬다 (나는 샤프체다 치즈를 좋아
한다)

1 소시지를 으깨서 중간 불 이상에서 갈색
   이 될 때까지 프라이팬에서 볶는다.

2 달걀과 우유, 겨자, 소금, 후추를 거품기
   또는 핸드믹서로 저어 혼합물을 부드럽
   게 만든다.

3 달걀 혼합물에 식빵과 치즈, 소시지를 넣
   고 잘 섞일 때까지 잘 뒤적인다. 13x9 인
   치 베이킹 접시의 바닥과 옆면을 기름칠
   하고 혼합물을 붓는다. 랩으로 덮고 하루
   밤 냉장고에서 재운다.

4 접시뚜껑을 덮지 않고 약 200도에서 30
   분 내지 40분, 이쑤시개로 가운데를 찔
   러보아서 아무 것도 묻어나오지 않을 때
   까지 굽는다. 5분 정도 식힌 후 알맞게
   잘라서 식탁에 낸다.

깨끗하고 시원한 물

월드비전 선수들이 모은 기금은 아프리카 마을에 우물을 파는 사업에 사용된다. 마라톤 코치는 우리에게 물을 충분히 마시는 것은 건강을 위한 필수 조건이며 지구 반대편에 살고 있는 이들이 깨끗한 물을 마시고 더 나은 삶을 살게 하는 데 도움을 주겠다는 사명감을 갖고 열심히 뛰라고 격려했다.

우리는 달리기를 하면서 그 사업이 성공리에 진행되어 많은 사람들이 깨끗한 물을 먹을 수 있게 되기를 기도했다. 나는 기금을 모금하는 일에는 재주가 없다. 억지로 돈을 내라고 강요하는 것 같아서 결국 내가 수표를 꺼내 액수를 적는 것으로 끝난다. 그러나 월드비전을 대신해서 모금을 할 때는 아무 부담도 느끼지 않고 여기저기 이메일을 보내고 전화를 걸었고 많은 사람들이 선뜻 응답을 해주었다.

내 아버지가 너희를 위하여 준비한 이 나라를 상속받아라.
너희는 내가 굶주렸을 때 내게 먹을 것을 주었고,
목말랐을 때 마실 것을 주었다.
마태복음 25:34~35

가족의 조건

우리 부부는 8월의 어느 날 저녁 호수와 버킹검 분수와 미술관이 근처에 있는 미시간의 야외 공원에서 결혼식을 올렸다. 나는 비틀 즈 노래에 맞춰 통로를 걸어들어 갔다. 피로연에서는 모두들 춤을 추었고 때마침 부두 공원 위로 펼쳐지는 불꽃놀이가 도시 위 하늘의 화려한 불빛과 어울리는 것을 감상했다. 달콤함과 약간의 광란이 섞인 저녁이었다.

나는 그 아름다운 결혼식에서 남편과 내가 그 무엇도 떼어놓을 수 없는 가족이 되었다고 생각했다. 그러나 내가 그 후에 알게 된 것은 사람과의 관계는 가는 실 하나가 두 사람을 연결하는 것으로 시작해서 하루하루 지나며 마치 팽이에 줄을 돌리듯 칭칭 감겨서 묶여진다는 것이다. 가족은 예식이나 증명서로 만들어지는 것이 아니다. 하늘이 무너지는 것처럼 보일 때, 손에 손을 잡고 어깨와 어깨를 대고 앉아 있을 때, 힘을 합쳐 어둠과 싸울 때 조금씩 진짜 가족이 된다.

바닷물도 사랑의 불길을 끄지 못하고,
강물도 사랑을 휩쓸고 내려가지 못합니다.
아가 8: 7

아버지와 아들

아버지의 오랜 친구인 조엘 아저씨는 아주 어릴 때 소아마비를 앓았고 평생을 장애인으로 살았다. 무리를 해서 걸으면 후유증으로 며칠 동안 고통을 받는다. 하지만 그에게는 달리기 선수인 아들이 있다. 올해 고등학교 졸업반인 에번은 나가는 대회마다 기록을 달성했다. 주 대회에서 우승을 했고, 한 경기에서는 최고기록을 수립했으며, 작년의 전국 대회에서는 9등을 했다. 에번의 놀라운 경력은 타고난 재주와 의지, 훈련, 운동정신이 보기 드물게 결합한 결과다.

태어나서 지금까지 달려본 일이 없는 조엘 아저씨에게는 아들이 바람을 가르며 총알처럼 달려나가는 모습을 보는 것보다 세상에 즐거운 일은 없다. 그들 부자를 보면 하느님의 성스러운 손길이 아름다운 한 편의 서사시처럼 우리의 인생을 엮어내는 것을 느낀다.

주님의 책에는 이미 내게 주어진
모든 날들에 대한 것이 쓰여 있습니다.
시편 139: 16

한 발짝 내딛기

나는 종종 뜨거운 열정을 가진 여자들을 만난다. 그들은 뭔가에 푹 빠져서 밤을 새울 수 있는 일을 하고 싶어 한다. 하지만 무엇을 어떻게 시작해야 할지 모른다.

그런 사람들에게 난 우리 어머니의 이야기를 들려준다. 우리 어머니는 40대가 될 때까지 유화를 그린 적도 없었고, 도예가도 아니었으며, 에이즈 예방과 평화유지 활동가도 아니었다. 어머니는 그 모든 일을 40대를 훌쩍 넘기면서 시작했고 지금 60대의 나이에도 아주 정정하게 활동하고 있다.

우리는 나이와 관계없이 열정과 재능을 발견할 수 있다. 너무 늦은 나이란 없다. 길은 직선으로 나 있어야만 하는 건 아니며, 때로는 뒤돌아 볼 때에야 비로소 납득이 가는 일도 있다. 나는 머뭇거리는 이들에게 우리 어머니가 한 말을 들려준다. "일단 한 발짝 내딛으세요. 그러면 다음에 발을 디딜 곳이 보입니다."

손재주가 있는 여자들은 모두 실을 자아서
청색 실과 자주색 실과 홍색 실과 고운 모시를 가져 왔다.
-출애굽기 35:25

시카고의 가을은 활기차고 풍요롭다. 오늘 늦은 오후 남편과 나는 헨리를 유모차에 태우고 밖으로 나갔다. 우리는 붉게 물들기 시작한 나무들 사이로 산책을 하며 가을을 온몸으로 느낄 수 있었다.

가을은 무엇보다 수확의 계절이다. 농부들이 땅을 갈고 뿌린 씨앗에서 자란 여름 내 자라서 풍성한 열매를 맺는다. 오늘 뭔가를 심으면 그것은 몇 달 뒤에 또는 몇 년 뒤에 열매를 맺을 것이다.

지금까지 특출한 뭔가를 보여주지 못했다고 해서 무능하다고 생각하는 것은 잘못된 생각이다. 또한 스스로 무능하다고 생각해서 아무 것도 안 하는 것은 어리석다. 우리는 지금 가진 것을 가지고 시작할 수 있다. 그리고 뭔가를 새로 시작하는 용기 속에 우리의 가능성과 능력과 행운이 모두 숨어 있다.

선한 일을 하다가 낙심하지 말아야 합니다.
때가 되면 열매를 얻을 것이므로 포기하지 말아야 합니다.
갈라디아서 6:9

어머니의 기도

남동생 토드는 어느 날 다니던 직장을 그만두고 요트로 세계일주를 하겠다고 선언했다. 그는 친구 조와 함께 지난 해 유월에 중고 보트를 사서 시간이 날 때마다 사우스해븐에 있는 항구에서 수리 작업을 했다. 그리고 마침내 배가 준비되자 애지중지하던 기타와 오토바이와 TV를 팔아서 여비를 마련했다. 드디어 출발하는 날 아침 일찍, 토드와 조는 배에 몇 가지 품목들을 더 챙겨 넣고 빠진 것이 없는지 마지막으로 점검을 했다. 그들을 바다로 보내는 가족들은 둥글게 원을 그리고 서서 그들의 무사귀환을 기원하는 간절한 기도를 올렸다.

사람들은 우리 어머니에게 아들이 그렇게 조그만 배를 타고 먼 바다로 나가는 것이 불안하지 않느냐고 물었다. 어머니가 대답했다. "아이가 커서 세상에 나가면 엄마가 할 수 있는 일은 기도밖에 없답니다."

163

저는 이 아이를 위해서 기도했고,
주님께서는 제가 이 아이에 대해 드린 청을 들어주셨습니다.
사무엘상 1: 27

사과하고 용서하라

관계를 유지하려면 무엇보다 용서하는 법을 배워야 한다. 살다보면 사랑하는 사람들에게 실망하는 일이 종종 생기기 마련이다. 그럴 때 원망과 분노에 집착하면 혼란스러운 상황에서 벗어나지 못한다.

가까운 친구 하나가 남편의 외도를 알게 되었다. 그녀는 그를 떠날 충분한 권리가 있었다. 그러나 그녀는 남편을 용서하기로 했고 두 사람이 오랜 세월 함께 쌓아온 관계에 또 한 번의 기회를 줄 가치가 있다고 생각했다. 그들은 지금 아이를 가졌고 함께 새로운 삶을 살고 있다. 이런 결말이 항상 가능한 것은 아니고 항상 최선은 아니다. 그러나 두 사람이 진심으로 원한다면 결혼생활을 새롭게 만들 수 있다. 한 가지 조건이 있다. 잘못한 쪽은 온전하게 잘못을 인정하고 사과를 받는 쪽은 온전하게 용서할 수 있어야 한다.

"주님, 형제가 제게 죄를 지으면 몇 번이나 용서해 주어야 합니까?
일곱 번까지 해야 합니까?"
예수님께서 대답하셨습니다.
"일곱 번까지가 아니라, 일곱 번 일흔 번까지라도 용서해야 한다."
마태복음 18:21-22

신부를 위하여

결혼식 날이 인생 최고의 날이라는 말은 마치 그 이후로는 내리막 길이라는 말처럼 들리기도 한다. 대부분의 주례사에는 신랑신부에게 웨딩 예복을 입고 추는 춤이 끝나면 진지한 현실이 시작된다고 충고하는 말이 빠지지 않는다. 그것은 사실이다. 결혼 생활은 현실이고 교회 앞에서 들러리들에 둘러싸여 있을 때는 볼 수 없는 많은 것들이 포함되어 있다.

결혼이란 두 사람이 함께 살면서 더욱 성숙해지고 각자 자신의 영혼을 완성해가는 과정이다. 신랑신부는 지금보다 더 많이 서로를 사랑할 수 없다고 느낄 것이다. 나도 그런 줄 알았다. 결혼식은 바닷물에 발을 담그는 순간과도 같다. 해가 갈수록 두 사람의 사랑은 그 깊이를 헤아릴 수 없을 정도로 깊어진다.

그대의 사랑에 내 마음은 매우 기쁘구나!
나의 누이, 나의 신부여.
아가 4: 10

현미 샐러드

내가 마라톤에 참가했을 때 머릿속에서 떠나지 않았던 음식들 중의 하나이다. 하룻밤 냉장고에 재워 두었다가 먹으면 더 맛있다. 어울린다고 생각되는 재료는 아무거나 추가해도 좋지만, 나는 주로 지중해 쪽의 풍미가 나는 재료들을 쓴다.

현미 2컵
방울토마토
칼라마타 올리브(블랙올리브의 일종)
보코치니(생 모짜렐라 치즈볼)
아티초크 1개 4등분한다.
바질
빨강 피망 가늘게 채썬다

* 비네그레트소스
디종 머스터드 1 T
발사믹 식초 1 /4 컵
소금 1 /4 t
후추 1 /8 t
올리브기름 1 /2 컵

1 현미로 고슬고슬하게 밥을 해서 식힌다.

2 비네그레트 소스 재료들을 병에 넣어 흔
   들고 취향에 따라 조절한다.

3 비네그레트 소스를 식은 밥 위에 뿌리고
   약간만 남겨둔다. 나머지 재료들을 넣어
   서 함께 섞는다.

4 남은 비네그레트소스를 넣고 소금과 후
   추로 간한다. 실온으로 또는 냉장고에 넣
   어 차게 해서 상에 올린다.

목표를 향해 가는 여정

아버지가 처음 네비게이션이 달린 차를 구입했을 때가 기억난다. 목적지에 도착하면 섹시한 여자 목소리가 느릿느릿 말했다. "드디어...무사히... 도착하셨네요." 처음에는 모두들 신기해하며 웃음을 터뜨렸다. 우리는 먼 길을 갈 때면 중간에 쉬어갈 곳을 목적지로 설정하고 출발했다. 그리고 중간에 "드디어...무사히... 도착하셨네요."라는 말을 듣고 잠시 휴식을 취한 후 다시 출발했다.

어떤 목표를 달성하기까지 하는 길이 너무 멀게 느껴지면 여러 단계로 나누어보자. 한 단계를 마치면 자신을 칭찬해주고 축하해주자. 그렇게 한 발 한 발 내딛다 보면 언젠가 목표에 도달할 것이다. 그리고 가는 길에서 어떤 선택을 하거나 인생의 마지막 목표는 다른 누구도 아닌 바로 진정한 나 자신을 찾아가는 것이라는 점을 염두에 두자.

하느님은 언제나 나를 의로운 길로 인도하십니다.
시편 23:3

가을 단풍

지금 나뭇잎들이 화려한 색으로 주변을 물들이고 있다. 마치 낙엽이 되어 땅에 떨어지기 전에 이제라도 남은 시간을 자신만의 독특한 색깔을 뽐내며 보내기로 작정한 듯하다. 우리도 각자 자기만의 특별한 삶을 살아간다. 세상은 우리에게 이렇게 말하는 것 같다. "순간 순간 이 세상의 아름다움을 감상해보라. 낮에는 푸른 하늘을 아름답다 하지만 해질녘의 붉은 노을은 또 얼마나 아름다운가? 여름에는 푸른 녹음이 아름다웠지만 가을이 되어 울긋불긋 단풍이 들면 또 얼마나 아름다운가?"

　우리의 삶도 마찬가지다. 꿈과 희망으로 가득한 봄, 잠재력을 마음껏 발휘하는 여름, 결실을 맺는 가을, 우리의 내면을 완성하는 겨울, 그 모든 계절을 사랑할 수 있을 때 인생의 행복이 완성된다.

169

마음의 계획은 사람이 세우지만,
그 일을 이루시는 분은 주님이시다.
잠언 16:1

식탁으로 오라

사람마다 각자 특별히 애정을 느끼는 대상이 있다. 낸시는 누구보다 자연을 사랑하는 친구다. 그녀는 산과 야생화와 햇빛에서 하느님의 존재를 가장 선명하게 느낀다고 말한다. 우리 아버지는 강과 바다를 좋아하고 낚시와 수영을 좋아하고, 남편은 음악을 사랑한다. 그리고 나는 식탁을 사랑한다.

식탁은 한 손에는 전화를 들고 다른 손에는 해야 하는 일 목록을 들고 잠시 들리는 곳이 아니다. 나에게는 식탁이 음식을 먹는 장소일 뿐 아니라 사랑하는 사람들과 서로의 안부를 묻확인하는 장소다. 식탁은 놀라운 평등장치다. 우리는 누구나 먹어야 살 수 있는 나약한 인간이다. 우리가 식탁에 앉는 이유는 배불리 먹고 힘을 내서 싸우려는 것이 아니다. 식탁에서 우리는 서로 건강을 기원하며 매일의 양식을 주시는 하느님께 감사하는 시간을 갖는다.

평안하고 조용하게 먹는 마른 빵 한 조각이,
성찬이 가득하나 다툼이 그치지 않는 집 보다 낫다.
잠언 17: 1

여행이 주는 뜻밖의 선물

❀

남편과 피지 여행을 갔을 때 우리는 물결에 흔들리는 산호초 사이로 물고기들이 헤엄쳐 다니는 소리가 들릴 듯한 고요한 세계 속에서 반짝이는 별들이 촘촘하게 박힌 하늘을 응시하며 숨이 멎을 듯한 존재의 충만함을 느꼈다. 그날 밤 남편과 나눈 대화는 초호에 부는 바람처럼 시원하게 느껴졌다. 당시에 우리는 둘 다 인생의 전환점에 있었으나 모퉁이를 돌아가면 앞에 무엇이 나타날지 알지 못해서 불안해 하고 있었다. 우리는 서로에게 용기를 주기 위해 각자가 갖고 있는 장단점과 앞으로 하고 싶은 것과 하고 싶지 않은 것에 대해 이야기했다.

여행은 우리를 평소의 일상으로부터 멀리 데려가서 새로운 시각으로 삶을 돌아볼 수 있도록 해준다. 때로 우리는 과거의 실패를 돌아보며 자책감에 빠진다. 특히 미래가 불안하게 느껴질 때는 더욱 그렇다. 그럴 때마다 우리 부부는 피지에 여행을 가서 나눈 대화를 서로에게 상기시킨다.

> 여러분은 그들 가운데 하늘의 별처럼 빛나게 될 것입니다.
> 생명의 말씀을 단단히 잡고 있기 때문입니다.
> 빌립보서 2:15-16

❧

나는 평생 살을 빼면 살기가 훨씬 편해질 거라고 생각하면서 살았다. 날씬한 몸을 갖게 되면 매일이 행복할 것 같았다. 화나는 일이 있다가도 길고 날씬한 다리를 내려다보면 기분이 좋아질 것 같았다. 내 삶에서 요지부동으로 꽉 막혀 있던 일들이 술술 풀릴 것 같았다. 어디를 가나 당당해질 수 있고 어떤 사람 앞에서도 주눅이 들지 않을 것이라고 생각했다. 마술 같은 일이 펼쳐지기를 바라고 있었던 것이다.

하지만 현실 세상에서는 한 가지가 해결되면 다른 문제들도 따라서 해결되는 일은 절대 일어나지 않는다. 지금 나에게 필요한 것은 감사할 줄 아는 마음, 흔들리지 않는 마음, 만족할 줄 아는 마음을 갖는 것이다. 하느님이 나보다 더 많이 알고 계신다는 것, 내가 못 보는 것을 그분은 본다는 것, 내가 생각조차 할 수 없는 미래를 짜고 계신다는 믿음을 갖고 현재에 충실한 삶을 사는 것이다.

해 아래서 벌어지는 온갖 일을 살펴보니,
그 모두가 바람을 잡으려는 것처럼 허무하였다.
전도서 1:14

추억 만들기

나는 미래를 위해 금화를 모으는 것처럼 아름다움 순간들을 기억해 두려고 한다. 가족들과 베란다에 앉아 차와 생강 과자를 먹으며 웃음꽃을 피우는 시간, 한 해를 보내는 마지막 날 밤에 해변의 바에서 남편과 함께 춤을 추는 시간, 해가 질 때까지 아버지와 배 위에서 머물러 있는 순간을 마음 속에 담아두려고 한다. 우리 가족은 언제까지나 지금과 같지는 않을 것이다. 하지만 우리가 함께 했던 기억은 영원히 남을 것이고 언젠가는 우리의 존재가 아닌 우리가 함께 한 시간의 추억에서 힘을 얻어야 하는 날이 올 것이다. 그리고 소중한 추억을 만드는 비결은 사랑하는 사람들과 함께하는 순간 순간을 오롯이 즐기는 것이다.

재물을 하늘에 쌓아두어라.
좀과 해충이 망가뜨리지 못하며,
도둑이 들어와서 훔쳐 가는 일도 없다.
마태복음 6:19~21

선입견이 아닌 호기심으로 다가가기

어떤 사람이 특별한 이유 없이 못마땅하게 느껴진다면 이런 질문을 해보자. "나는 왜 저 사람이 하는 행동을 이해하지 못할까? 그에 대해 잘 알지 못하기 때문이 아닐까?"

누군가의 이야기를 들을 때 선입견이나 고정관념이 없이 순수한 호기심을 갖고 귀를 기울여보자. "이 사람은 어떤 사람일까? 과거에 어떤 사연이 있었을까?" "왜 저런 생각을 하게 됐을까?" "이 사람에 대해 내가 모르는 것은 무엇일까?"

이런 질문들은 어떤 사람을 이해하려는 노력이 될 수 있다. 그에게 꼬리표를 붙이지 않고 그 사람을 있는 그대로 보기 시작하는 것이기 때문이다.

"선생님, 눈먼 사람으로 태어나는 것은 누구의 죄 때문입니까?
이 사람의 죄입니까? 부모의 죄입니까?"
예수님께서 대답하셨습니다.
"이 사람이나 그의 부모가 죄를 지은 것이 아니다.
그것은 하느님께서 하시는 일을 그를 통해 나타내기 위해서다."
요한복음 9:1-3

할머니의 유산

할머니의 신앙심의 중심에는 섬김이 있었다. 할머니는 사람들의 관심을 받는 것을 원하지 않으셨고 항상 자신을 낮추려고 하셨다. 임종이 얼마 남지 않았을 때도 간호사에게 뭔가가 필요할 때마다 상냥하게 물으셨다. "이런 부탁을 하면 당신을 너무 귀찮게 하지 않을까요?" 간호사들은 그런 할머니를 성성껏 돌봐주었다. 할머니는 한 번도 자기자신을 중심으로 생각해 본 일이 없다.

　남동생과 내가 할머니와 보낸 마지막 오후에 그녀는 우리에게 당신의 자녀들과 손주들이 그리스도에게 의지하며 살기를 바란다고 말씀하셨다. 그리고 천국에 빨리 가고 싶고 조용히 차례를 기다리고 있다고 하셨다. 그리고 얼마 전 주무시다가 조용히 숨을 거두셨다. 우리 가족은 언제까지나 할머니를 몹시 그리워할 것이다. 하지만 우리는 그녀가 천국에 계시다는 것을 믿기에 슬퍼하지 않을 것이다.

나는 그대의 진실한 믿음을 기억합니다.
그 믿음은 그대의 외할머니 로이스와 어머니 유니게에게 있었던 것인데
이제 그대가 그 믿음을 물려받았습니다.
디모데후서 1:5

고트치즈 토스트

대학친구인 모니카는 뭐든지 척척 해내는 만능 재주꾼이다. 자동차의 수동 변속기로 운전할 수 있고, 아프지 않게 가시를 빼내는 법을 알고, 결혼생활에 대해 현명한 충고를 해주며, 이메일로 새로운 애피타이저 레시피를 전달해준다. 모니카 같은 친구는 누구에게나 필요하다.

나는 크리스마스 파티를 위한 특별한 애피타이저가 필요했을 때 모니카에게서 이 요리법을 전수받았고 그 후로 가끔씩 만들었다. 많은 양이라도 금방 만들 수 있다.

바게트 1개
고트치즈 230그램
꿀 1 /4컵
호두 1 /2컵 잘게 부순다
로즈마리 1T 잘게 썬다

1 오븐을 약 180도로 예열한다.

2 바게트를 사선으로 얇게 자른다. 염소치
   즈를 바른다. 사각 오븐 팬에 놓는다. 가
   장자리가 살짝 황금빛이 되고 치즈가 녹
   을 때까지, 약 10분간 굽는다.

3 쟁반에 바게트 조각을 가지런히 놓고 잘
   게 부순 견과류와 꿀을 올리고 마지막으
   로 로즈마리를 위에 뿌린다.

낡은 스웨터처럼

❧

내가 무척 즐겨 입는 스웨터가 있다. 너무 많이 입어서 소매가 나달나달하다. 그 스웨터를 입고 커피를 마시고, 낮잠을 자고, 차 뒷좌석에 놓고 다니면서 목베게로 쓰기도 하고, 엉덩이가 시려우면 허리에 감아 매기도 한다. 나는 내 삶이 바로 그 스웨터처럼 되기를 바란다. 하느님이 창조하신 경이로운 세상을 보면 살아 숨 쉬는 것만으로도 커다란 선물처럼 느껴진다. 그래서 나도 하느님이 주신 삶을 열심히 살고 있다는 것을 보여드리고 싶다. 소매가 닳아서 헤진 스웨터처럼 하느님이 나를 아끼지 않고 매일 사용하시며 자랑스러워하시기를 바란다. 성경에는 하느님이 유능하고 잘난 사람들이 아니라 부족하고 결함이 많은 사람들을 사용해서 기적을 행하신 이야기들이 나온다. 나 역시 부족한 인간이지만 그렇게 하느님의 쓰임을 받기를 원한다.

178

"당신은 나의 주님, 주님을 떠나서는
어디에도 저의 행복은 없습니다."
시편 16:2

추운 겨울

오늘 시카고의 날씨는 말 그대로 얼음장이었다. 이런 날씨에는 난로가 고장 나거나 연료가 떨어지기라도 하면 비상 상황이 일어날 수 있다. 혹독한 추위는 궁핍이 먼 나라의 문제가 아니라는 사실을 몸으로 느끼게 해준다. 우리 주변에도 굶주리고 손발이 얼어붙고 기침이 멈추지 않는 어머니와 아기들이 있다는 사실을 상기시켜 준다.

하느님이 우리를 세상에 보낸 목적의 일부는 우리가 가진 모든 것, 시간, 재능, 능력을 세상이 필요로 하는 도움을 주는 데 사용하라는 것이다. 오늘 통조림 음식들을 박스에 채워서 부근의 무료 급식소에 갖다 놓고 수표 하나를 끼워 놓았다. 그리고 차를 몰고 돌아오면서 나처럼 가족을 위해 음식을 준비하는 어머니들을 위해서 기도했다. 하느님이 우리 가족에게 주신 것의 일부라도 다른 가족에게 도움이 되기를 기도했다.

> 각자 스스로 결정한 대로 내고,
> 마지못해서 또는 억지로 내지 마십시오.
> 하느님께서는 흔쾌히 내는 사람을 사랑하십니다.
> 고린도후서 9:7

믿음의 기적

출애굽기에서 이스라엘 사람들이 사막에서 굶주리고 있을 때 하느님은 그들에게 만나 빵을 보냈다. 그들 중 일부는 내일이 있으리라고 믿지 않았다. 하느님께서 모세를 통해 전한 말을 믿지 않았다. 하느님이 주겠다고 약속한 것을 믿지 않았다. 결국 그들은 의심과 두려움 때문에 자기 몫보다 더 많이 가져갔다. 다음날 아침에 보니 그들이 저장한 음식은 구더기로 들끓었다.

하느님은 우리에게 하루의 양식을 약속하셨다. 그러고 다른 날, 또 다른 날의 양식을 약속하셨다. 가난한 미망인이 헌금을 한 것은 그 분의 약속을 믿었기 때문이다. 주기도문은 "우리에게 일용할 양식을 주시고…" 라는 말로 시작된다. 그럼에도 우리는 저장할 양식을 원한다. 미래를 믿지 못하고 욕심을 부리고 불안해한다. 하느님은 우리가 굳건한 믿음으로 자신을 따르기를 원하신다.

"이 가난한 과부는 헌금함에 돈을 넣은 어느 누구보다도 더 많이 넣었다.
다른 사람들은 넉넉한 중에서 얼마씩 떼어 넣었지만,
이 과부는 자신이 가진 것 모두, 곧 생활비 전부를 털어 넣었다."
마가복음 12:42-44

성탄절에 더 외로운 사람들

크리스마스가 다가오면서 나는 일 년 중 그 어느 때보다 하느님의 존재를 더 많이 느끼게 된다. 그 어느 때보다 영광되고 아름다운 시간인 동시에 주위에 소외된 사람들을 돌아보는 시간이다.

가까운 친구가 이번 크리스마스를 앞두고 혼자가 되었다. 이혼을 한 후에 어렵사리 다시 사랑하게 된 남자가 다시 그녀의 삶에서 떠났다. 그녀는 고독이 때로 귀청이 터질 만큼 시끄러울 수 있다고 말했다. 그녀는 모두들 사랑하는 사람들과 함께 즐거워하는 듯이 보이는 크리스마스에 가장 외로움과 상실감을 더 예리하게 아프게 느끼고 있다.

크리스마스가 되면 더 외로운 사람들이 있다. 올해 잃어버린 것이 있다면 크리스마스 시즌의 아름다움 속에서 상실감에서 조금 벗어날 수 있기를 기도하자. 대신 우리 내면에서 그리고 주변에서 환하게 옳고 선하고 믿을 가치가 있는 것이 빛나기를 기도하자.

주님은 상심한 사람 곁에 계시고,
낙심한 사람들을 붙들어 주십니다.
시편 34:18

아네트의 퐁듀

아네트는 스위스에서 배워온 이 퐁듀 요리를 기념일이나 특별한 행사에 내놓는다. 이제 나도 매년 겨울 퐁듀 요리를 하면서 사랑하는 사람들의 특별한 순간들을 기념하는 것이 얼마나 중요한지 되새기곤 한다.

그뤼예르 치즈 200그램

에멘탈 치즈 200그램

아펜젤 치즈 50그램(구하기 어려우면 라클렛 치
즈로 대신)

밀가루 1 ½ T

마늘 1쪽 으깬다

엑스트라 드라이 베르무트 와인 1 컵

육두구 향신료 약간

키르쉬바서(체리 브랜디) 2T

1 치즈를 갈아서 밀가루와 섞어 놓는다.

2 마늘과 베르무트 와인을 냄비에 넣어 스
토브에 올린다. 거의 끓으려고 할 때 치
즈와 밀가루 혼합물을 넣는다. 육두구와
키르쉬바서를 더하고 잘 섞이도록 저어
서 불을 끈다.

3 완성된 퐁듀를 따뜻하게 데운 그릇으로
옮겨서 미리 준비해둔 빵, 소세지, 사과
등등과 함께 내놓는다.

사랑 받을 자격

어떤 사람들은 아름답기 때문에, 또는 부자이기 때문에, 또는 아주 똑똑해서, 또는 직업적으로 성공했기 때문에 인정을 받고 사랑을 받는다. 나는 사람들이 특별할 것이 없는 나를 사랑해주고 곁에 두고 있는 것은 내가 그들을 위해서 뭔가를 해주기 때문이라는 생각을 갖고 있었던 것 같다.

작은 아이를 임신했을 때 나는 실제로 분만하는 날 아침까지 하루에도 몇 번씩 토했다. 그래서 그 동안 내가 짊어지고 가야하는 짐을 내려놓을 수밖에 없었다. 누군가에게 도움을 주기는커녕 오히려 걱정거리가 되었다. 그런데 사람들은 그런 나를 그 어느 때보다 사랑해주었다. 그 때 나는 주변 사람들의 무조건적인 사랑을 확인할수 있었고 그들의 순수한 사랑을 의심했던 나 자신이 부끄러워졌다. 이제 나는 사랑이란 뭔가를 해서 획득하는 것이 아니라 그냥 주고받는 것이라고 믿는다. 사랑은 그 순수함을 믿는 사람에게 예수님의 발에 부은 향유처럼, 축복의 은총처럼 내리는 것이다.

184

하느님께서는 우리에 대한 당신의 사랑을 증명해 주셨습니다.
그리스도께서 우리를 위하여 돌아가신 것입니다.
로마서 5: 8

크리스마스 카드를 쓰는 시간

매년 그랬듯이 올해도 사랑하는 사람들에게 보내려고 크리스마스 카드를 작은 박스로 하나 샀다. 요즘 안부를 묻거나 축하를 하거나 모두들 이메일이나 SNS로 주고받지만 종이 카드를 한 장 한장 써 내려가다보면 사람들에게 감사하고 사랑하는 마음을 다시 한 번 상기하게 된다. 크리스마스 카드를 쓰는 동안 한 사람 한 사람을 떠올리며 그들의 사랑이 나에게 얼마나 깊이 영향을 미쳤는지 되새기게 된다. 그래서 내가 사람들에게서 한 해 동안 무엇을 받았는지, 그들이 있는 덕분에 내 삶이 얼마나 풍요로운지 이야기하고 좀 더 진심 어린 감사를 표할 수 있다.

선물을 주고받는 것도 즐거운 일이지만 크리스마스 시즌이 갖는 의미는 무엇보다 서로에 대한 사랑과 관심을 보여주는 것이다.

하느님은 그의 독생자를 이 땅에 보내심으로
우리를 향한 사랑을 보여주셨으며,
그를 통해 우리에게 생명을 주셨습니다.
요한 1서 4:9

하느님의 창문

켈트 기독교에는 하느님의 창문이라는 은유가 있다. 세속과 거룩한 영역을 구분하고 있는 벽이 얇아지고 투명해져서 하느님의 빛을 보게 되는 장소를 말한다. 성지, 교회, 아름다운 자연, 집안 어디서나 하느님을 만날 수 있는 상징적인 장소를 지칭하기도 한다. 그 곳에서는 어느 순간 천국으로 가는 문이 열리면서 세속에 사는 인간을 성스러운 세상에 좀 더 가까이 다가가서 하느님의 존재를 감지할 수 있다고 한다. 크리스마스는 바로 그러한 하느님의 창문과 같아서 온 세상에 존재하는 신의 지문에 대해 더 잘 알 수 있는 장소로 우리를 초대한다. 그래서 스크루지처럼 차가운 심장을 가진 사람도 삶에서 정말 중요한 것이 무엇인지를 생각하게 한다. 크리스마스가 되면 어디에서나 하느님의 빛나는 현존이 좀 더 잘 보인다.

나는 마음이 온유하고 겸손하니,
나의 멍에를 메고 내게 배워라. 그러면 너희 영혼이 쉼을 얻을 것이다.
마태복음 11:29-30

다시 한 해를 보내며

우리 집 뒷마당의 상록수에는 나무 가지마다 눈이 소복히 쌓여 있고 집안은 따뜻하고 아늑하다. 내 어깨에는 낡은 노란 색 담요가 둘러져 있다. 식탁 위 촛불이 깜빡이고 찻잔에서 모락모락 김이 올라온다. 작년 12월 이맘때를 돌아보면 그로부터 백만 마일이나 멀리 와 있는 듯하다. 일 년 동안 어떤 좋은 일들과 나쁜 일들이 있었는지, 그런 일들이 나를 얼마나 성숙하게 했는지 생각한다. 그리고 다시 내년 12월이 되었을 때 일 년 동안 내가 얼마나 성숙했는지 알 수 있도록 지금 이 순간을 기억해야겠다.

창밖에 내리는 눈발이 점점 굵어지고 있다. 사람들은 오늘 밤의 행사를 취소해야 하지 않을까를 고민하고 내일 학교는 휴교한다고 한다. 이런저런 걱정들은 있기 마련이지만 우리는 언제나 바로 이 순간을 즐길 수 있다. 뒤뜰에 서 있는 상록수, 뜨거운 차 한 잔, 촛불, 그리고 12월.

힘든 고난은 잠시 동안입니다.
하느님께서 모든 것을 바르게 세우실 것입니다.
여러분의 뒤에서 받쳐 주시고 든든하게 세워 주셔서
결코 넘어지지 않게 하실 것입니다.
베드로전서 5:10

순간순간 음미하라

처음 펴낸 날 | 2018년 1월 25일

지은이 | 쇼나 니퀴스트
엮고 옮긴이 | 한성자
펴낸곳 | 도서출판 아니마
출판 등록 | 2008년 12월 11일, 396-2008-000092호
주소 | 경기도 고양시 일산동구 중산로 101, 109-903
편집 | Tel 031-908-2158, Fax 031-8076-7243
영업 | Tel 02-322-1845, Fax 02-322-1846
이메일 | animapub@naver.com
디자인 | (주)끄레 어소시에이츠
출력 | 문형사
인쇄 | 대정인쇄
제본 | 삼진제책
ISBN 978-89-965393-0-8 23230

이 도서의 국립중앙도서관 출판예정도서목록(CIP)은 서지정보유통지원시스템 홈페이지(http://seoji.nl.go.kr)
와 국가자료공동목록시스템(http://www.nl.go.kr/kolisnet)에서 이용하실 수 있습니다.
(CIP제어번호: CIP2018000606)